거듭남의 기도

저자와 책 소개

저자는 장로교회에서 33년간 신앙생활을 했으며 2011년 분당 구미교회 권사일 때 오랫동안 상담을 하면서 알게된 자녀들 문제, 질병, 재정의 막힘, 결혼, 가족간의 갈등, 이혼, 자살 등. 여러가지 문제들을 하나님이 가르쳐주신 방법에 의해 해결 받게된 내용을 바탕으로 이 책을 쓰게 되었다.

지금은 2017년 3월 11일부터 사무엘상 19:18-24에 나오는 라마나욧(다윗이 사무엘과 함께 하나님의 영광 가운데 머물렀던 곳) 교회의 담임목사이다.

이 책은 현재 영어, 일어, 중국어, 러시아어로 번역이 되어 세계 여러 나라에서 수많은 개인과 수백 가정을 회복시키고 있다.

저서로는 "기도 응답의 열매들", "지금도 살아서 역사하시는 하나님"이 더 있다.

라마나욧 교회　예배시간 : 주일 오전 11시
　　　　　　　　　　　　　　화,수 오후 2시
　　　　　　　　　　　　　　오후 8시 (금요 샤밧 예배)
　　　　　　　　　　　화 : 큐티, 열방을 위한 중보기도
　　　　　　　　　　　수 : 강해설교, 열방을 위한 중보기도
　　　　　　　　　　　금 : 말씀선포, 중보, 개인기도, 기름부음

　　　　　　　　　주소 : 송파구 송이로32길 4-12
　　　　　　　　　전화 : 070-4046-5777

거듭남의 기도

ⓒ 김봉화 2020

초판 1쇄 발행 2011년 11월 10일
8 판 8쇄 발행 2023년 3월 23일

지은이 김봉화 aropa37@hanmail.net
펴낸이 이기봉
편집 최연화, 김송이, 김성령
디자인 김송이
마케팅 이광훈
영업 신희찬
펴낸곳 도서출판 좋은땅
출판등록 제2011-000082호
주소 경기도 고양시 덕양구 통일로 140 B동 442호(동산동, 삼송테크노밸리)
전화 02)374-8616~7
팩스 02)374-8614
이메일 so20s@naver.com
홈페이지 www.g-world.co.kr

ISBN 978-89-6449-227-7 (03230)

이 도서의 국립중앙도서관 출판시도서목록(CIP)은 서지정보유통지원시스템 홈페이지(http://seoji.nl.go.kr)와 국가자료공동목록시스템(http://www.nl.go.kr/kolisnet)에서 이용하실 수 있습니다. (CIP제어번호 : CIP2014015396)

내 모든 것 드리오니 주여 받아 주소서!

거듭남의 기도

성령의 검

좋은땅

추천의 글

　우리가 살고 있는 이 시대에는 너무나 많은 책들이 범람하고 있지만 임상 없는 책은 우리의 삶에 별로 도움이 되지 않는다.

　하나님은 오늘날도 말씀을 통하여 순종하는 사람들의 영혼과 육체가 범사에 잘 되게 하시며 무엇보다 그것을 바라고 계신다.

　김 봉화 권사는 오랫동안 상담을 해오면서 성경 말씀과 기도를 통하여 많은 사람들의 내적치유를 돕고 개인과 가정을 회복시키는 일을 해오고 있다.

　그에게 하나님께서 직접 말씀 해주신 성경적인 원리, 방법, 내용, 순서 등을 삶에 적용해서 승리한 체험적인 사례들이 드디어 책으로 나오게 되었다.

　김 봉화 권사 같이 평범하지만, 하나님을 사랑하여 순종의 발걸음을 내딛는 사람들을 사용하셔서 오늘날도 놀라운 일을 행하시는 분이 바로 우리 하나님이시다.

　부디 이 책을 읽는 모든 사람들이 새로운 영적인 눈이 열리고 귀가 열려 하나님의 음성을 들으며 새 일을 행하시는 하나님을 만나는 축복이 있기를 소망한다.

WLI KOREA 총장 홍 정식 목사

슈퍼마켓이나 버스정류장에서 한 번쯤은 만났을 것 같은 우리 이웃에 사시는 평범한 권사님의 비범한 신앙의 삶이 "나도 하나님을 이렇게 친근히 만날 수 있겠구나"!라는 용기를 갖게 합니다.

능력의 기도를 통해 하나님 나라의 축복과 능력을 이 땅에 풀어 놓는 특공대 교본이라는 이름이 어울립니다! 권사님!

전 세계가 주목하고 있는 기도의 부르심을 유업으로 갖고 있는 우리나라에, 이런 실제적인 기도의 모본을 주셔서 감사합니다. 마치 하나님과의 달콤한 만남의 시간을 공개해주신 것 같은 헌신에 감사합니다.

이 책을 읽는 독자 자신도 간증의 주인공이 될 것 입니다.

그래서 책에 있듯 생생한 간증들이 끝없이 이어질 것 입니다.

책을 읽으며 나 자신과 내 가정 그리고 이웃을 변화시키는 역동적인 기도의 바이러스에 자연스럽게 감염되는 것을 느낍니다.

하베스트 비전교회 신명숙 목사

수많은 사람들이 세상에 왔다가 가고 거의 대부분의 사람들이 그들만의 고통과 아픔을 안고 살아간다.

그렇지만 그 고통과 아픔을 원망하지 않고 하나님께 가져가면 하나님은 그 사람을 사랑으로 만나주시고 그 고통과 아픔을 이겨낼 수 있는 은혜와 지혜와 계시를 주신다.

그리고 그 은혜와 지혜와 계시는 나만의 것이 아니라 모두의 것이 된다.

아버지의 사랑으로... 고통과 인고의 삶을 하나님 앞에 부르짖으며 하나님께 헌신하신 김 봉화 권사님의 대가지불로 맺은 열매가 원수의 멍에에서 고통당하는 많은 이들을 자유케하며 그들에게도 크나큰 축복으로 임하게 될 것을 확신합니다.

대전 지구 촌사랑 교회 장 마리아 사모

감사의 글

얼마 전에 기도하다가 주님의 십자가를 묵상하게 되었습니다.

그런데 십자가의 크로스(교차점) 부분에서 주님의 심장으로부터 쏟아져 내리는 피가 그 밑에 있는 나를 적시고 흘러 흘러서 모든 사람과 온 세상을 적시며 바다로 들어가는 모습이 클로즈업되어 보이면서 이런 내면의 음성이 들려 왔습니다.

"십자가는 나의 심장이다!"

그래서 한동안 양 팔을 벌린 채로 벽에 기대 앉아, 십자가 위에서 심장이 다 쪼그라들 때까지 피를 흘리시는 주님을 묵상하며 눈물을 철철 흘렸습니다.

그러면서 2008년 내가 큐티를 처음 시작할 때 주신 찬양 254장

"내 주의 보혈은"이 생각났습니다. 하나님은 그 때 이미 오늘을 계획하셨고 때가 되어 내게 비로소 보여 주신 것입니다.

위로는 하나님과의 관계와 옆으로는 이웃 사랑을 위해 터지신 주님의 심장으로 나도 살아야 한다는 감동이 밀려오면서 제게 이런 고백으로 찬양을 드리게 하셨습니다.

주님의 심장

나는 원합니다. 주님의 심장을

십자가 위에서 터지신 그 심장!

주님의 심장은 곧 나의 생명이며

은혜와 사랑이며 내 전부입니다.

난 이제 알았네! 주님의 사랑을

그 사랑은 바로 주님의 심장이라

오! 주님 그 사랑을 내가 소유하길 원합니다.

이 세상 그 무엇도 주님과 바꿀 수 없음을

난 고백합니다.

오! 주님 그 사랑 깨닫게 하시니

참 감사합니다.

언제나 주님과 동행하면서

주님의 심장으로 세상을 살게 하소서!

십자가의 은혜

주님 사랑해요. 주님 감사해요.

십자가의 그 사랑을 무엇으로 보답하리.

나의 모든 것, 다 주님 것이오니

나의 소망, 나의 의지 주님께 드립니다.

내 생명도, 나의 삶도 십자가의 은혜라.

주님 사랑해요. 주님 감사해요.

내 모든 것 드리오니 주여 받아 주소서!

그동안 십자가의 은혜를 얼마나 듣고 또 생각 했었나 모릅니다. 그러나 이렇게 귀한 진리와 함께 새롭게 조명해 주심은 정말 놀라운 일이며 생생한 감동이었습니다.

십자가의 중심에 주님의 생명인 심장이 있었다는 것은 진정한 사랑의 핵심은 바로 생명이라는 뜻입니다.

내가 아무리 사람들을 사랑한다고 해도 주님의 그 사랑을 어찌 따라갈 수 있겠습니까! 그러나 그 때 보여주신 그 모습을 떠올리며 사랑하려고 노력할 것입니다. 아니! 내 자아를 죽이려고 발버둥 칠 것입니다.

독자 여러분!

하나님께서 내게 직접 말씀하신 내용들을 풀어 놓다보니 너무 주관적이라고 생각 되어질 수 있으며, 성령님의 초자연적 능력 행하심을 나타내다 보니 신비주의적으로 느껴질 수도 있겠지만 하나님의 뜻을 대신 전한다고 생각하시고 너그럽게 받아 주시길 부탁드립니다.

책을 읽으시는 동안 이해가 잘 안 되는 부분이 있더라도 그럴 때 부활하신 능력의 주님! 을 떠올리시며 온전히 맡겨보세요. 그리고 새롭게 다가오시는 주님을 만나시기 바랍니다.

여러분 주님의 이름으로 사랑하고 존경합니다.

'글을 쓰게 하시고 여기까지 친히 이끌어주신 하나님께 진심으로 감사드리며 영광과 존귀와 경배를 올려 드립니다!

성부. 성자. 성령 하나님 사랑합니다. 내 생명 드립니다.'

김 봉 화

차례

피상적으로 생각한 영의 세계

나는 장로교회에서 33년 신앙생활을 했으며 2009년 분당 구미교회 권사일 때 일이다. (현재. 라마나욧교회 담임목사)

조용한 교회 분위기에 익숙하던 나는 불과 몇 년 전까지만 해도 손 들고 찬양하는 모습들이 어색하고 쑥스럽기까지 했던 사람이다.

뿐만 아니라 귀신, 마귀에 대해서도 피상적으로만 생각했었다. 성 경에 분명히 나와 있지만 예수님 당시의 상황이므로 과학과 문명이 발달한 지금은 그 때와 달리 그런 영적 존재들이 없지 않을까 생각했 었다.

또한 무엇보다도 예수님이 십자가에서 그들의 세력을 모두 이기셨 기에 우리는 주님을 믿고, 열심히 기도하며, 신앙생활 잘하면 모든 것 이 다 해결된다고 알고 있었다.

아들이 받은 영적 공격

우리 아들이 초등학교 저학년 때 밤마다 무섭다고 자기 방에서 못 자고 우리 방에서 함께 잤다. 워낙 그 방이 낮에도 빛이 잘 들지 않아 어둡고 밤에는 불을 끄면 정말 캄캄한 방이라서 겁이 많아 그런가보다 했다. 고학년이 되면서 나는 억지로 자기 방에서 자도록 강요했는데 자다 보면 어느새 우리 방에 와서 자고 있었다.

그와 같은 일은 중학교에 입학해서도 마찬가지였는데 그럴 때마다 우리는 이런 실랑이를 되풀이했다.

"예수 믿는 사람이 뭐가 무섭다고 그래! 네가 기도를 제대로 안 해서 그렇지, '예수님! 오늘 밤도 지켜주시고 악몽에 시달리지 않도록 도와주세요.' 이렇게 간절히 기도하고 자 그러면 주님이 지켜주셔."

"엄마! 날마다 그렇게 기도하고 자요. 그런데도 불만 끄면 이상한 소리와 함께 누가 내 목을 조르고 깊은 회오리바람 속으로 빠져들어 가는데 소리도 지를 수 없어요."

"그건 네가 무서운 만화나 영화 같은걸 많이 봐서 그래."

"아니에요. 나도 그럴까봐서 무서운 건 안 본단 말이에요"

그러면서 아들은 중학교 1학년 내내 누나 방에서 잤다.

2학년이 되면서 나는 그대로 두면 안 될 것 같아 남편을 통해 강력하게 자기 방에서 자도록 만들었다.

그런데 그것이 큰 실수였을 줄이야, 누가 알았겠는가!

나의 영적 무지에서 비롯된 무식한 행동이었음을 알게 된 것은 그 후 4년 뒤였다.

그때 나는 저녁마다 우리 아들을 지켜주시라고 간절히 기도를 했기에 아들이 기가 약해서 그런 줄로만 생각했었다. 그래서 속으로 '사내 녀석이 저렇게 담대하지 못해서 어디다 써!' 그랬었다.

하지만 나도 가끔 이상한 경험은 했었다. 내가 한참 기도를 하다 보면, 갑자기 머리끝이 쭈뼛 올라가는 듯하고 뒷목덜미가 섬뜩해지며 두려움이 몰려온다. 그럴 때마다 방언으로 한 10분 정도 강력하게 기도하면 다시 평안해지곤 했었다.

다시 이사를 하다

그러다가 우리 아들 고 1때 그런 이유에서는 아니지만 다시 이사를 하게 되었는데 한 1년이 지난 뒤 아들이 이런 말을 했다.

"이사를 오니까 내 방이 지옥에서 천국으로 온 것 같아 엄마!"

"그래? 그 정도로 그 방이 무섭고 싫었니?"

"사실 그때 나 밤에 잠 안 잤어요. 엄마는 자꾸 불 끄라고 그러지, 눈 감으면 '꺄악!'하는 소리와 함께 잡혀갈 것 같아서 아예 이어폰 끼고 음악 들으며 뜬 눈으로 밤을 새우다가 새벽녘에 잠들곤 했으니까 날마다 학교에 가서 졸았지요."

이 말을 듣는 순간 나는 뒤통수를 얻어맞는 느낌이었다.

아빠까지 호되게 나무라면서 강력하게 나오니까 아들은 아예 더 이상 말을 하지 않고 2년 동안이나 고통 속에서 지냈던 것이다.

밤에 불이 켜 있으면 잠이 안 오는 나는 우리 아들도 그럴까봐서, 그

렇게까지 심각했던 줄도 모르고 막무가내로 밀어 붙였던 것이 후회가
되며, **'분명 어둠의 세력이 있구나!'**라고 생각하게 되었다.

그리고 그 옛날 내가 처음 시집 왔을 때 겪었던 일들이 떠올랐다.

고난의 연속이었던 시절

나는, 56년을 절에 다니시며 신실한 불심을 갖고 계시던 어머니와
살다가 결혼하기 1년 전에 심리적 변화를 겪으면서 예수를 믿게 되었
는데 엄마한테 들킬까봐 성경책을 쇼핑백에 넣어서 다락에 숨겨 놓고
몰래 가지고 다녔다.

시댁 역시 우상을 섬기는 가정으로 시집을 오게 되었고, 결혼 하자
마자 나는 악몽에 시달렸다.

눈을 감으면 "위잉"하는 소리와 함께 시커멓게 끝도 보이지 않는 구
렁 속으로 빨려 들어가며 가위눌리는 현상을 거의 밤마다 경험했고,
그럴 때 간신히 악을 쓰면 남편이 깨우곤 했었다.

그것이 내가 믿음이 약해서 그런 줄 알고 새벽기도는 기본이고 매
년 초가 되면 1월 1일부터 40일 조반금식 기도를 연중행사로 7년은
한 것 같다. 그리고 3일 금식기도는 1년에 보통 서너 번씩 했다.

그때는 체중이 늘 47킬로그램을 넘지 못하고 몸도 약했지만 하나님
께 받은 은혜도 크고 많았다. 방언의 은사도 그때 받았다.

가장 큰 은혜는 나의 전도로 시동생이 제일 먼저 예수를 믿고, 친정
어머니가 예수 믿어 구원 받으시고, 시아버님이 세례 받고 돌아가셨

으며, 그 뒤 남편도 예수 믿게 된 일이다.

　술 주사가 심한 시아버님을 모시면서 받는 스트레스로 인해 심장병, 편두통, 갑상선, 세 번의 자연유산 등 많은 환란과 고난이 있었지만 그럴 때마다 '고난이 곧 내게 유익이라'는 말씀을 떠올리며 주님만 더 의지했다. 성가대원, 교사, 구역장, 여전도회 임원 등 봉사도 열심히 했다. 그러면서 하나님 은혜로 건강을 회복하고 악몽에 시달리던 횟수도 조금씩 줄었으며, 11년 후 아버님 소천하시고 이사를 오고 나서부터는 괜찮았다.

　반대로 아들은 7살 때 이사를 왔는데 그 뒤 독방을 쓰면서부터 시달리게 되었으니, 내가 괜찮으니까 우리 아들도 기가 허하고 믿음이 약해서 그런 줄로 알고 계속 기도하라고만 했던 것이다.

　'그래 분명 악한 영들이 지금도 사람들을 괴롭히고 있는 게 맞아! 그럼 이사 와서 나는 괜찮았는데 왜 우리 아들은 시달렸을까? 또 다시 이사 오니까 아들도 괜찮은 이유는 뭘까?'
　하고 나는 영의 세계에 대해서 궁금해지기 시작했다.

새롭게 알게 된 영의 세계

그 무렵(2008년 5월) 자매처럼 지내는 권사가 [치유와 권능]이라는 책을 선물해 주어서 읽었는데 영적세계에 대한 놀라운 사실을 발견했고 궁금하던 것이 모두 풀리게 되었다.

책을 쓰신 분은 온누리 교회의 손 기철 장로님인데, 건국대학교 생명과학대학 학장님으로 재직 중이시며 월요일마다 치유집회를 하시는 분이라는 사실을 처음 알았다.

내가 놀란 것은 과학을 하시는 분이 영의 세계와 사탄에 대해서 너무 자세하게 알고 계실뿐 아니라, 우리가 잘 모르고 있거나 잘못 알고 있는 부분들을 매우 정확하게 간파하고 어떻게 해결해야 하는지를 분명하게 밝히고 있었기 때문이다.

그동안 우리 가족이 겪은 현상들을 그대로 기록하고 있었는데 (저주의 이해와 저주 끊기) 라는 소제목에서 주장한 내용을 읽고 나는 눈이 밝아진 느낌이었다.

1) 죄를 지으면 해당하는 죗값이 있으며 그 죗값을 갚을 때만 죄에서 자유로워진다. 이것이 바로 하나님이 만드신 법칙이다. 그 법칙은 하나님도 바꿀 수 없으며, 하나님은 바로 우리의 죄와 죗값을 치르기 위해서 아들 예수그리스도를 이 땅에 보내셨다. 우리는 더 이상 저주를 두려워하거나 피하지 말아야 한다. 우리에게 임한 저주가 무엇인지를 정확히 찾아내어 우리의 죄로 인한 것이면 회개하고, 악한 것들에 의한 것이면 예수 그리스도의 이름으로 대적하여 그것으로부터 자유로워져야 한다. 경험적으로 볼 때, 내적치유이든 질병치유이든 일반적인 방법으로 기도했을 때 치유되지 않은 경우는 그 원인이 직·간접적인 저주로 인한 것이 대부분이다. 그러나 놀랍게도 많은 그리스도인들은 예수님이 율법의 저주에서 우리를 속량하셨기 때문에 예수를 믿기만 하면 모든 저주에서 자동적으로 벗어난다고 생각한다. 그래서 심지어는 저주를 이야기 하는 사람을 이단시 하는 경우도 있다. 정말로 저주에서 고통 받던 사람이 해방되어 진정한 자유를 누리는 것을 본 적이 있는지 안타깝기만 하다. 어쨌든 예수를 믿기만 하면 모든 저주에서 벗어난다고 생각하는 사람은 성경이 말하는 구원의 근거와 적용을 오해하고 있다.

> "그리스도께서 우리를 위하여 저주를 받은바 되사 율법의 저주
> 에서 우리를 속량 하셨으니 기록된바 나무에 달린 자마다 저주
> 아래 있는 자라 하였음이라."(갈3:13)

이 말씀은 구원 받는데 인간의 율법적인 행위가 더 이상 필요하지 않다는 사실을 증거 하는 구절이지, 예수를 믿고 구원 받은 사람이 성화되어 가는 과정에서 죄의 회개가 더 이상 필요하지 않다는 말이 아니다. (중략)

저주는 또 집안에 다른 장소로부터 귀신적인 상(우상)을 들여옴으로 생길수도 있다. 어떤 물건은 우상이거나 상징물인 경우도 많다. 사단의 상징이 들어간 타페스트리(수놓아 만든 장식걸이), 다른 나라에서 온 장식품 , 토템 상, 끔찍한 조각

상, 왜곡된 이미지들 또는 숭배하던 물건들은 저주를 집안으로 가져오는 매개물이 되기도 한다. (힌두신들, 요가, 뱀, 용, 피라미드, 깨진 십자가, 부처상, 마리아상 등) 가증한 물건이나 형상의 유입에 의해 환경이 더럽혀지면 갑자기 진행되는 질병, 끊임없는 나쁜 꿈과 악몽, 불면증, 만성 두통이나 피로 등등 이와 같은 증상들이 나타나는데 그러면 그 원인이 되는 물건을 버려야 한다.

원인을 제거하다

이 내용을 읽는 순간 나는 **'아하 그랬었구나!'** 하며 나와 아들이 악몽에 시달렸던 원인을 찾게 되었다.

그것은 다름 아닌 한자로 龍(용)을, 특히 꼬리 부분을 강조해서 마치 용이 꿈틀대는 것처럼 쓴 붓글씨 액자였다. 우리 집에는 이 액자를 시어머님이 좋아하셔서 갖다 주신 것이 두 개나 되는데 하나는 거실 뒷벽을 거의 다 차지할 정도로 컸으며 하나는 길이로 내려 쓴 것으로 보통 거울크기만 한 것이었다. 그 액자를 예전의 집 거실에 계속 걸어두었다가 이사 와서도 걸어 놓았었다.

그리고 시아버님 방에 있던 작은 액자를 분당으로 이사 오면서 귀한 손자라고 어머니가 아들 방에 걸어 놓았던 것이다.

그런데 다시 이사 와서는 왠지 새 집에 걸고 싶지 않아서 둘 다 걸어 놓지 않고 드레스 룸에다 놔두고 있었다.

'그래 바로 그것 때문이야!' 그리고는 작은 액자를 열고 글씨를 떼어내서 찢어버리고 액자는 재활용 쓰레기로 내다 놓았다.

그런데 큰 액자가 문제였다. 우선 그것을 버린다고 하면 남편과 어머니의 반대가 만만치 않을뿐더러 나를 제정신이 아니라고 할 텐데 어찌해야할지 고민이 되어서 날마다 기도했다. 또 액자가 워낙 커서 혼자 다루기도 힘든 상태라 액자 뒤를 찢고 분무기에다 커피를 타서 글씨에 배어 나와 얼룩이 지도록 뿌려 놓았다.

며칠 뒤 남편에게 전화를 해서 액자가 오래되어 곰팡이가 난 것처럼 얼룩이 졌는데 자리만 차지하니까 버려야 되겠다고 했더니 글씨는 빼서 잘 두고 액자만 버리라고 했다. 글씨가 원흉인데 마치 보물처럼 잘 두라고 한다. 일단 알았다고 하고는 재활용 분리수거 하는 날 남의 도움을 받아 내다 버렸다. 속이 후련했다.

그리고 장식품, CD, 책 중에서 이방신이나 사탄을 떠올릴만한 물건들을 다 정리해서 버렸다.

남편이 우울증 약을 끊다

나는 비로소 기도는 내용과 대상에 따라 **명령, 선포, 간구**의 세 종류로 해야 한다는 것을 알게 되었고 그대로 실천하였다.

지금까지 나의 기도는 대부분 주님께 도와달라는 간구기도였었는데, 우선 우리 집안에 있는 악한 영들이 떠나가도록 명령기도를 꾸준히 했다. 1달 정도 했을 때 남편에게 변화가 일어났다.

내성적인 남편은 어릴 때부터 계속 아버지의 술주정 속에서 정서가 불안하게 성장하여, 중학교 2학년 때부터 심한 건 아니지만 우울증을 앓아왔었다. 그래서 봄가을이 되면 언제나 신경정신과 약을 보름 정도씩 먹어야만 했다.

2008년 8월 하순쯤에 남편은 또 약을 지어오라고 했다. 남편의 상담 기록이 병원에 있어서 한번은 배우자가 가도 처방을 해준다. 나는 약을 지어오기는 했지만 남편에게는 시간이 없어서 못 갔다고 핑계를 대며 남편을 공격하는 악한 영들은 떠나가라고 계속 명령기도를 했다. 이렇게 8월을 잘 넘기고 9월이 되었는데 남편은 회식이 있다며 연 3일을 계속해서 술을 마시고 왔다. 그러더니 머리가 너무 아프다며 약을 안 지어 왔다고 화를 내었다.

그러기에 내가 말했다.

"당신 머리 아픈 건 계속 술을 마셔서 그런 거지, 우울증 때문에 그런 게 아니에요."

"내 몸을 내가 더 잘 알지! 당신이 뭘 안다고 그래! 한두 번 있었던 일이야! 잔소리 말고 약이나 지어와."

"약 여기 있어요. 의사가 그러는데 대부분의 질병은 심인성 질환이라서 환자 스스로 마음을 잘 다스리고 긍정적으로 생각하면 얼마든지 극복할 수 있다고 합디다. 당신은 너무 오랫동안 약에 의존해왔기 때문에 안 먹으면 불안하고 또, 이맘 때 쯤이면 그 증세가 당연히 나타나겠지, 하는 심리적인 요인이 더 클 수도 있어요. 의사도 안 먹는 게 좋다고 했으니까 잘 생각해봐요."

그리고 숨겨 두었던 약 봉지를 꺼내 주었더니 한 봉지를 먹고 잤다. 다음날 아침에는 약을 먹지 않고 한 봉지를 가지고 출근했다. 그날 나는 다른 때 보다 더 열심히 강력하게 기도를 했다.

저녁식사 후에 남편이 약 봉지를 또 부스럭 부스럭 만지길래,

"술 안마시면 괜찮을 테니까 약 먹지 말고 그냥 며칠 견뎌보지, 그게 뭐 그리 좋은 거라고 그렇게 챙겨 먹어요?"

"아니야 약 안 먹고 그냥 갖다 놓는 거야."

그때부터 남편은 약을 끊게 되었고 술도 줄이게 되었다.

그러자 나는 용기를 내서 시어머님께 전화를 드렸다.

어머니 집에도 사방 1미터 정도의 정사각형 짜리 용 글씨 액자가 있는데, 어머니도 늘 머리가 아프다고 하시며 두통약을 잡수셨다.

"어머니 지금도 머리 아프셔서 약 드시지요?"

"그래."

"애비가 오랫동안 우울증 약 먹던 거 어머니도 아시잖아요. 그런데 이제 그 약 끊었어요."

"그래?! 어떻게?"

나는 손 장로님에 대해 소개를 하고 그분의 책에 나온 내용대로 했더니 이렇게 놀라운 변화가 있노라고 말씀 드렸다.

처음에는 그 아까운 액자를 버렸다고 화를 내셨다.

"어머니. 그 액자가 뭐 그리 중요해요. 아들하고 손자가 건강한 게 중요하지. 나는 예수 믿는 사람이 그런 거 따지는 게 미신적인 것 같아서 무시했던 것이 얼마나 후회되는지 몰라요. 내가 무지해서 우리 아들 그렇게 오랫동안 시달림 받게 한 걸 생각하면 너무 속상해요. 그러니까 어머니도 고생하지 마시고 그 액자 갖다 버리세요."

"…그러면 글씨만 버리고 액자는 다시 쓸까?"

"거기다 뭘 하시려고요. 기분 나쁘게, 그냥 버리시고 글씨는 찢어서 다른 사람이 주워가지 못하도록 쓰레기통에 버리셔야 해요"

"알았다."

이렇게 해서 그 서슬 퍼렇던 어머니의 우상에 대한 권세가 수그러들기 시작했고 어머니의 두통증세도 사라졌다.

지금 생각해 보면 아버님 방에 있던 액자 때문에 그것을 매개 물로 하여 사탄이 공격하므로 아버님 주사가 더 심했던 것 같다.

상담을 하게 되다

나는 2009년 1월 17일에 기독교 2급 상담사 자격증을 취득하게 되었다.

우리 분당 구미(아름다운 성령의 9가지 열매)교회 김 대동 담임 목사님은 인간 내면에 대해 많은 관심을 갖고 계신 분이라 상담학 박사이시기도 하다.

그래서 우리 구미교회 내에 상담 아카데미 교육과정을 운영하므로 8학기 24학점을 취득한 사람에 한하여 해당 보수교육을 수료한 뒤 자격증을 수여하고 있다.

너무 감사한 것은 우리나라에서 상담학에 권위가 있는 모든 교수님들을 강사로 초빙해서 강의를 들을 수 있기 때문에 어느 대학의 학생들보다 특혜를 많이 받는다는 점이다. 뿐만 아니라 교회의 적극적인 지원으로 저렴한 수업료와 수준 높은 강의내용이 소문나서 타교인 또는 불신자들까지도 혜택을 받고 있다.

그리고 교회 내에 전화 상담실을 개설하여, 교육 받은 사람들로 하여금 봉사하도록 하므로 상담을 원하는 모든 사람들에게 기회를 주고 있다.

더욱이 전국의 목회자 분들에게 2년에 한 번씩 최소한의 등록비만 받고 1박 2일 목회포럼을 개최하여 상담교육을 접할 수 있는 기회를 드리고 있다. 지방에서 오시는 분들을 위해 숙소까지 무료로 제공하며 철저하게 봉사하고 있다.

그 외에도 우리 교회는 지역사회를 돕는 차원에서 경로대학, 어린이 도서관, 문화센터 등을 운영하여 이웃을 섬기는 일에 본을 보이고 있다는 사실에 자부심을 갖는다.

이와 같은 일들은 담임 목사님의 목회 방침에 의해 7년 이상 10년째 이루어지고 있으며 앞으로도 계속 되리라 믿는다.

이렇게 나도 혜택을 받아 상담사 자격증을 취득하게 된 것이다.

상담공부를 하면서 나도 모르던 내면의 상처들을 발견하게 되었고 그 상처들을 치유 받게 되었다. 그러면서 누구보다도 아픔 있는 사람들을 이해하게 되었으며 그래서 3년 동안 공부하는 내내 상담을 했었다.

그리스도인들 가정의 고난

나는 2009년 3년째 상담을 하면서 왜 이렇게 믿음의 가정들에게 고난과 환란이 많은지, 상담을 하고 나면 의문이 자꾸 생겼다. 자녀들

문제, 질병, 사업실패, 결혼, 가족 간의 갈등, 자살, 이혼, 불륜 등 심지어 목회자의 가정들까지도 예외는 아니었다.

'도대체 믿지 않는 가정들과 무엇이 다르단 말인가?'

다만 차이가 있다면, 믿지 않는 가정들이 문제 속에서 낙심하며 근심에 눌려있을 때, 믿는 사람들은 문제를 가지고 하나님께 나아와 기도하고, 주님이 우리의 모든 것을 알고 계시기에 언젠가 문제를 해결해 주시리라는 소망 가운데 위로를 받는다는 것뿐이다.

그러나 막상 돌아가서 문제에 다시 직면하게 되면, 또 고통 받고 쓰러지고 좌절하는 악순환이 반복되기 때문에 믿지 않는 사람들과 별 차이가 없다는 것이 안타까운 일이다.

상담이란 내담자의 이야기를 경청하며 공감해주고 자신 내면의 상처와 쓴 뿌리를 발견하게 하여 스스로 문제해결을 할 수 있도록 지지와 격려를 해주며 심리적으로 도와주는 것인데, 내적치유와 자존감 회복을 위해 상담은 반드시 필요하지만, 그것만으로는 한계가 있다는 것을 느끼게 되었다.

내담자 스스로가 열심히 노력해야 하며 끝까지 인내하고, 경우에 따라서는 희생도 감수해야 한다는 부담이 있기 때문이다.

상담내용이 대부분 관계에서 비롯되는 것인데 가족이 함께 상담을 받는다면 문제해결이 좀 더 빠르겠지만, 그게 쉬운 일이 아니다 보니 거의 내담자가 고스란히 감당해야 할 몫이 되기에 어려운 것이다.

예를 들어 내담자가 새롭게 결심을 하고 문제해결을 위해 작정기도를 시작해도 그것을 끝까지 해내는 사람이 별로 없었다.

그래서 나는 하나님께 묻기를 시작했다.

"하나님 어째서 주님을 믿는 자녀들의 가정에도 안 믿는 가정들과 다름없이 문제들이 많은 것인가요?"

"……."

"주님이 우리의 허물 때문에 찔리셨고, 우리의 죄악 때문에 상하셨으며, 우리가 평화를 누리도록 징계를 받으셨고, 주님이 채찍에 맞으셨기에 우리가 나음을 입었다고 하시지 않으셨나요?"

"……."

"그래서 주님을 믿을 때 세상이 주지 않는 평안을 끼치신다고 하셨는데 그 약속은 어떻게 받아들여야 하는 것인지 말씀해 주세요."

그 때 나는 하나님께서 하루에 3시간씩 3년을 기도하라고 하셔서 새벽에 1시간 반, 오후나 저녁에 1시간 반씩 2007년부터 3년째 기도하고 있는 중이었다.

이쯤에서 내가 어떻게 하나님의 음성을 듣게 되었는지를 밝혀야겠다.

하나님의 음성을 처음 듣다

우리 친정어머니가 74세 때 위암에 걸리셨는데 췌장까지 전이가 되어 1989년도에 모 대학병원에서 가망이 없다고 3개월 넘기기가 어렵다는 판정을 받았다.

어머니는 구체적인 병명과 상태도 말씀드리지 않았지만 직감으로 아셨는지 퇴원하시겠다고 강력하게 원하셔서 그렇게 하였다. 그 뒤 어머니의 고통은 점점 더 심해져만 가고 나중에는 물만 드셔도 통증을 느끼시게 되었다.

그러자 어머니의 요청으로 어머니가 다니시던 절에 가서 계시게 되었는데 한 15일쯤 지나 7월 말경에 큰언니에게서 전화가 왔다.

"애 막내야! 지금 스님한테서 전화가 왔는데 엄마 통증이 너무 심하셔서 택시 태워 보낸다고 3일 넘기시기 힘들 것 같다며 준비하라고 하신다. 그러니까 너 마음 단단히 먹어라."

"네에. 그래요?"

"얘! 너 괜찮니?"

"괜찮아요. 알았어요."

우리는 딸만 셋인데 내가 그 중에 막내라서 어머니와 둘이 오랫동안 살았고 또 어머니의 막내딸 사랑이 각별하셨다.

그래서 큰 언니는 내가 충격 받을까봐 걱정을 하며 내게 먼저 전화를 하신 것이다.

하지만 나는 의외로 마음이 담담해지며 '지금까지 엄마 구원을 위해서 기도해 왔는데 이제야 때가 됐나보다'하는 생각이 들었다. 그리고 다음날부터 3일 금식기도에 들어갔다.

그 때 당시 우리 식구가 7명 대가족이었고, 우리 아들이 생후 8개월밖에 되지 않았다.

가족들 출근하고 우리 딸 유치원 보낸 뒤 아들 재워놓고 기도하기 시작했다. 울면서 한 40분씩 기도했는데 다음 말씀을 가지고 매달렸다.

> 사람들이 귀먹고 말 더듬는 자를 데리고 예수께 나아와 안수하여 주시기를 간구하거늘 예수께서 그 사람을 따로 데리고 무리를 떠나 사 손가락을 그의 양 귀에 넣고 침을 뱉어 그의 혀에 손을 대시며 하늘을 우러러 탄식하시며 그에게 이르시되 에바다 하시니 이는 열리라는 뜻이라 그의 귀가 열리고 혀가 맺힌 것이 곧 풀려 말이 분명하여졌더라. (막7:32~35)

"지금도 살아서 역사하시는 하나님 아버지! 우리 엄마도 영적으로 귀먹고 어눌한 사람이 오니 따로 데리고 가셔서, 양 귀에 손가락을

넣으시고 침을 뱉어 맺힌 혀에 대시는 특별 은총을 베풀어 주시옵
소서. 그가 56년이나 섬긴 우상이 아무것도 아니고 생명의 주인은
오직 하나님 한 분뿐임을 믿을 수 있도록 전능하심을 나타내 주시
옵소서. 그리하여 우리 언니들과 형부 조카들 모두 구원받게 인도
하여 주시옵소서……,"

이렇게 간절히 기도하는데 이틀째 되는 날 30분 쯤 기도했을 때

"걱정하지 마라! 안심하라!"

하는 음성이 나의 가슴속 저 밑에서부터 들려왔다.

귀로 들은 것은 아니지만 가슴으로 분명하게 들렸으며 너무도 마음
이 든든하고 평안했다. 눈에서는 감사의 눈물이 주체할 수 없이 흘렀
으며 그렇게 20분 이상 기쁨의 시간을 보냈다.

3일째 되는 다음 날도 음성은 들리지 않았지만 엄마가 반드시 나으
실 거라는 확신 속에 어제와 같은 감동으로 기도를 마쳤다.

친정어머니가 예수를 믿다

이렇게 3일 금식을 온전히 마친 뒤에 어머니 집을 찾아갔다.

그리고 지금까지 숨겼던 병명과 병원에서 내린 결론, 스님이 전화
한 내용에 대해 자세히 말씀드렸다.

어머니도 당신 병세에 대해 가망이 없다는 것을 짐작하고 계셨다.

"엄마! 그런데 엄마 병을 고치실 분이 딱 한 분 계세요."

"응! 그게 누군데?"

"하나님이야."

"……."

"엄마 사람에게 생명보다 더 소중한 게 어디 있어요? 엄마 그동안 그렇게 열심히 절에 다니시며 불공을 드렸지만 아무 소용이 없잖아요. 그러니까 마지막으로 한번, 하나님 믿어보고 돌아가신다 하더라도 천국은 가실 거 아니에요? 그런데 하나님이 엄마 반드시 살려주실 거야! 내게 응답하셨어요."

"내가 살면 얼마나 더 산다고 여태까지 믿던 것을 버리겠냐?"

"엄마가 버리는 것이 아니고 그쪽에서 먼저 포기를 한 거에요. 그리고 단 하루를 살더라도 고통 없이 평안히 살면 그게 감사한 일이지, 다른 그 어떤 것도 신경 쓰지 마시고 오직 지금의 엄마 자신만을 생각해서 결정하세요."

이렇게 간절히 설득을 해서 교회에 가시기로 허락을 받았다. 그리고 그날은 어머니와 함께 자야 할 것 같아서 집에다 전화를 하려고 보니까 전화기가 불통이었다. 할 수 없이 그 때는 휴대전화가 없던 시절이라 공중전화를 하고 나오는데 그 동네 교회에 시무하시는 신유의 은사를 받으신 전도사님을 딱! 만나게 되었다.

전도사님을 보자마자 나는 울면서 우리 엄마 좀 살려주시라고 애원했다.

대강 이야기를 들으신 전도사님이 그러셨다.

"지금 간암환자를 만나러 갔다가 못 만나고 그냥 오는 길인데 하나님이 집사님 어머니 살려 주시려고 그러셨구나!"

전도사님과 두 분 집사님을 모시고 들어가면서 나는 큰 소리로 말했다.

"엄마! 전도사님 모시고 왔어요."

그러자 조금 전에 교회 가시겠다고 약속하셨으면서도 옆으로 돌아앉으시며 불편한 내색을 비치셨다.

내가 결혼하고 나중에 친정에 가서 하나님 이야기를 하면 '너 그런 말 하려면 집에 오지도 말라'고 호통을 치시곤 하던 분인데 마음을 바꾸기가 어찌 그리 쉽겠는가.

그렇지만 경험이 많은 전도사님은 당신 시어머님이 절에 주지승이며, 당신이 아들 셋 낳고 자궁암이 걸렸는데 병원에서 못 고친다고 하여 시어머님 절에 2년 가까이 계시다가 결국은 이혼당하고, 자살을 세 번 시도했으나 다 실패하므로 할 수 없이 하나님 믿고 살려주셔서 이렇게 주님의 일을 하게 되었노라 말씀하셨다. 그러자 어머니의 마음이 문을 열기 시작 했다.

"모친을 위해 제가 하나님께 기도해 드리고 싶은데 받아보시겠어요?"

"그러세요."

"그런데 기도를 받기 전에 먼저 해야 할 일들이 있는데 방에 붙여 놓은 부적을 떼고 약도 모두 버리셔야 합니다. 지금까지 모친이 의지했던 것들을 다 떠나서 앞으로는 하나님만 믿고 따르겠다는 뜻인데 괜찮으시겠어요?"

"네 결심했으니까요. 약은 먹어도 소용없고."

"약은 모친 손으로 직접 버리셔야 합니다."

그러자 어머니는 병원 약 한보따리와 큰 언니가 지어온 한약 한 박스를, 한 봉지도 안 드신 것을 직접 쓰레기통에 갖다 버리셨다.

영적능력이 강한 전도사님인데도 부적을 떼실 때 섬뜩하다고 하셨다.

그리고 전도사님이 절에 관련된 물건을 모두 가져오라고 하셨는데 절에서 입는 회색 옷이 두 벌, 염주가 3개, 유명한 사찰을 다니시며 방생할 때 찍으신 사진을 모아 놓은 앨범이 세권이었다. 이것들을 증거물로 가져가신다고 싸놓고 나서야 비로소 찬송하고 기도를 하셨다. 어머니 배에 손을 대고 기도하셨는데 전도사님이 가신 뒤에 어떠셨냐고 물었더니 시원함을 느꼈다고 하셨다.

전도사님이 가시면서 오늘 저녁 7시 30분에 수요예배가 있는데 따님하고 꼭 나오시라고 하니까 그러마고 대답하셨다.

그리고 어머니는 그 당시 통증이 심해서 물도 잘 못 드시던 분인데 먹을 것 좀 달라고 하셨다. 나도 금식한 후라 야채를 다져 넣고 죽을 끓여서 미역국이랑 갖다 드렸더니 맛있게 한 그릇을 다 잡수셨다. 설거지를 하면서 나는 우리 엄마 살려주셔서 감사하다고 계속 기도하며 얼마나 울었는지 모른다.

　지갑을 열어보니 4만 원이 있었는데 만 원은 차비로 남겨 놓고 3만 원을 봉투에 넣어 '하나님! 암으로 고생하시는 우리 어머니 (김 소제) 살려주세요!' 이렇게 써서 헌금을 드렸다. 예배를 마친 후 목사님께서 "김 소제 할머니 일어나세요."하셨다. 그리고 다 같이 어머니를 위해 3분간 통성으로 기도할 때 전도사님이 오셔서 또 손을 대고 기도해주셨다. 그런데 그때도 시원함을 느끼셨다고 했다.
　그날 밤에 어떤 할머니의 권유로 함께 철야기도를 하게 되었는데 나는 어머니에게 '그동안 하나님을 몰라서 믿지 못한 것 용서해 주시고 살려주셔서 감사합니다. 앞으로 하나님만 잘 믿겠습니다.' 이것만 기도하시라고 했다. 새벽예배까지 잘 마치고 집에 왔는데 어머니가 이러셨다.

　"얘 나 밥 좀 다오."
　"엄마 밥을 드셔도 괜찮겠어요?"
　"응 기분에 괜찮을 것 같아."
　"알았어요."
　그리고 주방에 와서 나는 회개했다. 의심하지 말라고 하셨는데 잠깐이나마 저의 믿음 없었음을 용서해 주시라고 얼굴에는 기쁨과 감사의 눈물이 줄줄 흐르고 있었다.

밥을 거의 된 죽 정도로 지어서 미역국과 함께 드렸더니 맛있게 잡수시는 중에 큰 언니와 형부가 오셨다.

어젯밤에 도대체 어디를 다녀오셨느냐고 걱정이 돼서 밤에 잠도 못 잤다고 하면서 들어오셨는데 교회에 갔다 왔다고 하니까 어머니 진지 드시는 모습만 바라보면서 아무런 이야기도 하지 못했다.

그 뒤 한 달 만에 어머니는 거의 한 요강 정도의 검붉은 분비물을 다 쏟으시고 16년 동안 덤으로 건강하게 사시다가 90세 때 밤에 주무시면서 천국으로 가셨다. (2005. 6. 25)

평소에 '하나님! 우리 어머니 주님 앞에 가시는 날까지 온전한 정신으로 자유롭게 거동하시다가 잠자리에 연이어 그 영혼이 천사들의 수종을 받으며 하늘나라에 들림 받을 수 있도록 인도하여 주시옵소서.' 이렇게 기도한대로 하나님이 응답해 주셨다.

'어머니가 천국 가시는 모습을 큰 언니와 형부가 환상 중에서든지 꿈에 보게 하셔서 두 분도 예수 믿게 도와주세요.'라고 기도 했더니 큰 언니가 천국에 가신 어머니 꿈을 꾸셨다고 한다. 그리고 2년 뒤에 예수 믿게 되었다.

하나님의 음성 듣는 훈련을 하다

주님의 음성을 처음 들은 뒤부터 나는 하나님의 음성 듣기를 사모하며 처음과 같은 감동의 순간을 다시 경험하기 위해 꾸준히 노력했다.

기도를 한 후에 하나님께 한 가지 묻고는 응답이 올 때까지 기다리는 것이다. 바로 응답하시지 않기 때문에 같은 질문을 약 5~10분 간격으로 반복하며 기다렸다. 처음에는 40분 정도 그러다가 시간이 점점 짧아졌다. 이렇게 훈련하기를 계속하다 보니 5년 정도 되니까 단답형으로 하시던 말씀도 문장형식으로 길어지며 점점 대화의 수준이 되었고, 이제는 하나님께서 더 길게 말씀하실 때도 많다. 그리고 그림(환상)도 보여주시고 통변의 은사와 다른 은사들도 점진적으로 증가시켜 주셨다.

성령의 음성과 사탄의 소리를 구분하는 법

그런데 영성훈련을 할 때 반드시 주의해야 할 점이 있다.
사탄도 성령을 가장해서 우리에게 말한다는 것을 명심해야 한다.

> 이것은 이상한 일이 아니니라 사탄도 자기를 광명의 천사로 가장하나니. (고후11:14)

> 사랑하는 자들아 영을 다 믿지 말고 오직 영들이 하나님께 속하였나 분별하라. (요한1서 4:1)

사탄의 음성은 귀에 대고 말하거나 가슴 위쪽에서, 또는 머릿속에서 들리며 가슴이 답답하고 마음이 불안하다. 그리고 교만한 생각들을 부추긴다.

그래서 반드시 주님의 음성을 듣기 위해 묵상하기 전에 다음과 같이 해야 한다.

"이 시간 성령의 음성을 가장하여 내 마음과 생각을 어지럽히는 흑암의 세력은 예수 그리스도의 이름으로 명하노니 내 영·혼·육에서 영원히 떠나갈지어다!"

이렇게 세 번 물리치고 다시 집중하며 잠잠히 성령의 음성을 기다려야 한다.

또 어떤 음성이 들렸을 때 '모든 흑암의 세력은 예수 그리스도의 이름으로 묶임을 받고 잠잠할 지어다!' 이렇게 기도를 하고 다시 확인을 해야 한다. 이런 기도로 중간 중간 점검하는 것이 중요하다. 이것이 바로 영을 분별하는 방법이며 훈련이다.

예전에 이와 같은 원리들을 몰랐던 나는 느낌으로 알았고, 방언으로 물리쳤으며, 계속 '주님의 음성으로 말씀해 주세요.'라고 기도 했었다.

주님의 음성은 대부분 소리로 들리는 것이 아니라, 가슴 저 밑에서부터 어떤 울림처럼 든든하고 평안하게 말씀하신다.

어떤 경우는 저 하늘 위에서부터 마치 호령하듯 위엄 있게 들릴 때도 있지만 극히 드물다. (사도 바울과 같은 경우)

나를 지으신 하나님께서 내게 말씀하시는 음성을 들을 때의 기쁨은 세상의 그 무엇과 견줄 수 있겠는가? 그저 감동일 뿐이다.

가까이하는 자를 기뻐하신다

이런 이야기가 이해되지 않는 분들도 많겠지만 그리스도인이라면 누구나 이런 기쁨을 소유하기 위해 노력해야 한다고 권면하고 싶다. 무엇이든지 처음부터 잘하는 사람은 보통인들 중에는 없다고 본다.

선천적으로 은사를 타고난 사람들도 있는데 사실 그들도 살펴보면, 그 부모님들이나 윗세대에서 하나님께 많이 심었기에 자녀 세대에서 결실로 나타나는 경우가 대부분이다.

무엇을 심었는가에 따라 기도를 심으면 여러 가지 은사로, 물질을 심으면 부요함으로, 사랑과 덕을 심으면 평안과 건강으로 열매 맺게 하시기 때문이다.

그런데 나는 친정이나 시댁 쪽이나 다 우상을 섬기던 가정에서 초대 영적황무지 개척자이기에 몇 배의 고난을 감수해야 했고, 더 많이 노력해야만 했던 것이다.

그것이 치열한 영적 전투였음을 이제야 알게 되었지만, 그때는 내 자녀들에게만큼은 귀한 믿음의 유산을 물려주어 하늘의 신령한 복을 다 받아 누리게 하기 위해서였다.

그렇지만 처음부터 그런 의도로 열심히 했던 것은 아니다.

그저 하나님뿐이 의지할 곳이 없기에 매달렸고, 그런 내게 하나님은 언제나 구한 것 이상으로 응답해 주셨다. 그러다 보니 베풀어 주신 은혜가 너무 감사해서 최선을 다해 하나님을 가까이 하게 되었고, 이제는 친밀한 사랑의 교제를 위해 주님 앞에 나아가는 시간이 제일 행복한 정도까지 된 것이다.

　나는 하나님만 생각하면 눈물이 나와서 날마다 울고 또 운다. '내 기도하는 그 시간 그때가 가장 즐겁다…….' 이 찬송을 지으신 믿음의 선진이 진정으로 이해가 되고도 남는다.

　설마하며 믿어지지 않는 분들도 있겠지만 예를 들자면, 나이아가라 폭포가 너무 아름답고 웅장하며 캐나다와 미국의 국경지대에 위치하고 있다는 것을, 대개의 사람들이 사진을 통해서 보고 상식적으로 잘 알고 있다. 하지만 그곳에 직접 가서 우비를 입고 폭포 속에 보트를 타고 들어가 본 사람과 느끼는 감동은 천지차이로 다르지 않겠는가? 그리고 직접 경험한 사람은 그 생생한 감동을 오래 간직하며 또다시 가보고 싶은 소망을 품게 될 것이다.

　그러나 상식적으로만 알고 있는 사람들은 가보고 싶기는 하지만 굳이 가보지 않아도 생활하는데 지장이 없다 보니 꼭 가봐야겠다는 소망도 갖지 않고 사는 사람들이 더 많은 것처럼 영적인 체험도 이와 비슷하다는 생각이 든다.

성령체험을 못하는 이유

　성령이 분명히 계시며 우리와 함께 하신다는 사실을 알고 있으면서도, 그분의 능력 행하심이 자신과는 무관하며, 반드시 그 은혜를 경험하고 싶다는 간절한 욕구가 없기 때문에, 체험을 하지 못하는 그리스도인 들이 대부분인 것이다.

심지어는 성령의 강한 임재에서 오는 초자연적인 현상들을 샤머니즘처럼 이해하고 거부하는 사람들조차 있으니 안타까운 일이다.

우리가 눈에 보이지 않는 삼위일체, 하나님을 믿고 그분의 말씀을 믿는다면 성경 안에 기록된 내용들은 모두 믿어야 정상인 것이다. 어떤 부분은 너무나 현실과 거리가 멀다고 느껴져서 성경 속에서만 일어날 수 있는 일로 제쳐두고 자신의 스타일에 맞추어 믿음 생활을 한다면 그것은 그야말로 종교생활에 불과하다.

제아무리 명석한 두뇌를 가지고 많은 능력을 지녀 모든 사람들에게 부러움의 대상이 되는 사람일지라도, 그는 한낱 피조물에 불과하다. 그런 우리들은 창조주 하나님에 대한 능력의 한계를 감히 짐작할 수도 없으며, 아무리 폭 넓게 상상을 한다 해도 그것 자체가 이미 무한하신 하나님의 능력을 제한하고 마는 것이다.

하나님을 경배하는데 있어서 걸림이 되는 그 어떤 교양, 체면, 지식, 권위 등은 모두 교만에 불과하며, 주님의 초자연적인 능력을 내게로 가져오는 길을 가로막는 벽일 뿐이다.

하나님 아는 것을 대적하여 높아진 것을 다 무너뜨리고 모든 생각을 사로잡아 그리스도에게 복종하게 하니 너희의 복종이 온전하게 될 때에 모든 복종하지 않는 것을 벌하려고 준비하는 중에 있노라. (고후10:5~6)

오직 우리가 해야 할 일은 성경에서 일어난 모든 일들이 오늘의 내게도 일어날 수 있다는 확신 속에, 성령을 사모하며 자아를 쳐서 복종시키고 주님의 뜻에만 순복하는 일이다.

왜냐하면, 주님은 우리가 성령과 교통하며 친밀하게 교재하는 가운데 우리를 통해 놀라운 능력 나타내시기를 간절히 원하고 계시기 때문이다.

> 내가 진실로 진실로 너희에게 이르노니 나를 믿는 자는 내가 하는 일을 그도 할 것이요 또한 그보다 큰일도 하리니 이는 내가 아버지께로 감이라. (요14:14)

> 내게 능력 주시는 자 안에서 내가 모든 것을 할 수 있느니라.
> (빌4:13)

> 너희는 더욱 큰 은사를 사모하라 내가 또한 가장 좋은 길을 너희에게 보이리라. (고전12:31)

큐티를 위해 기도하다

나는 올해(2011년)까지 성경을 31독 했는데 결코 자랑하기 위해서 밝히는 것이 아니고, 그만큼 하나님을 사랑하다 보니 말씀을 가까이 하게 되었다는 것을 이야기 하는 것이다.

물론 나보다 더 많이 읽으신 분들도 있겠지만, 이렇게 말씀을 읽고 묵상하다 보니 하나님께서 깨닫는 지혜도 나날이 더해주셔서 새로운 비밀을 발견하는 것 같은 재미를 맛보게 하신다.

뿐만 아니라 하나님께서 말씀을 계시로 새롭게 풀어주시기도 하신다.

무엇보다도 상담하는 가운데 내담자를 위해 '하나님! 어떤 말씀으로 위로해 주실 건가요?'하고 기도하면 말씀을 주신다.

또 갑자기 누구에게 연락해서 말씀을 전해주라고 하실 때 전화해보면 그 사람이 낙심하고 있거나 힘들어하고 있는 상태다.

그러다가 하나님께서 자신을 알고 말씀을 주셨다는 사실에 많은 위로를 받고 힘을 얻는다.

이런 교제와 상담을 계속하다 보니 함께 큐티 하기를 원하는 권사님이 있어서 하나님께 물었다. 수첩에 2007년 5월로 기록이 돼있는데 두 달 동안 기도했다.

하나님이 우리가 큐티하는 것을 원하시는지, 또 한다면 언제부터 해야 하며, 교재를 가지고 해야 하는지, 누구누구 해야 하고 성경은 어디서부터 시작해야 하는지, 어떤 순서로 인도해야 하는지 세세하게 묻고 또 물었다. 한 달 넘게 기도 했더니 응답해 주셨다. 내가 얼마만큼 인내를 가지고 지속적으로 할 것인가 테스트 하신 것 같다.

"하나님 우리가 큐티 하는 걸 원하시나요?"
"너희가 내 말씀을 묵상하고 배우겠다는데 내가 어찌 기뻐하지 아니 하겠느냐!"

"그러면 교재를 가지고 해야 하는지요?"
"내가 친히 깨닫게 하리라."

"누구누구 해야 하나요?"
"이 권사, 박 권사, 임 권사"

"말씀은 어디서부터 시작할까요?"
"에스겔서와, 요한계시록을 함께 보아라."

"네? 너무 어려워요. 신명기부터 하면 안 될까요?"
"둘째 날부터 그렇게 하여라."

그래서 나는 에스겔서와 요한계시록을 함께 보기 시작했다.
　도대체 무슨 뜻에서 함께 보라고 하셨는지 알 수가 없었는데 계시록 4장을 읽다가 깜짝 놀라며 비로소 하나님의 뜻을 깨닫게 되었다. 계시록 4장은 하늘의 예배와 하나님 보좌에 대해 기록한 내용인데 에스겔서 1장과 일치하는 것이다. 그때의 상황을 수첩에 기록된 내용 그대로 적어 본다.

　7/21. 하나님 말씀대로 에스겔서와 계시록 1장을 같이 읽으며 비교를 하는데 공통점도 없고 무슨 뜻인지 잘 모르겠다. 김 양재 목사님이 에스겔서를 묵상하면서 은혜 받은 내용이 기억나 작년에 읽은 『날마다 큐티 하는 여자』를 다시 보아도 잘 모르겠다.

　7/22. 한 주에 한 장씩 해야 하는데 2장 3장을 같이 읽어도 잘 모르겠어서 "신명기부터 묵상하면 안 될까요?" 또 물어도 응답이 없으시다.

7/23. 온전히 하나님께 맡기고 다시 기도했다. 또 에스겔서와 계시록을 보라고 하신다. 3장을 함께 읽었을 때까지 공통점이 없었는데 계시록 4장을 읽다가 나는 깜짝 놀랐다. 에스겔서 1장에 기록된 하나님의 보좌에 대한 내용이 계시록 4장과 일치하기 때문이다. 그래서 주석 성경을 찾아본 나는 더욱 놀랐다.

BC 593년에 에스겔이 보았던 하나님의 보좌에 대한 형상이 630년이 지난 후 사도 요한이 본 형상과 동일한 모습이었다.

겔1:7 → 계1:15, 2:18 (불꽃같은 눈, 빛난 주석 같은 발)

겔1:10 → 계4:7 (4생물: 사자, 소, 사람, 독수리)

겔1:22 → 계4:6 (수정 같은 유리바다)

겔1:26, 1:28 → 계4:3 (보좌: 벽옥, 홍보석, 남보석, 무지개)

겔2:9,10 → 계5:1 (안팎으로 쓰인 두루마리)

뿐만 아니라 에스겔이 환상을 본 시기가 바벨론 포로로 끌려가 그발 강가에서 지쳐있을 때였는데, 사도 요한도 밧모 섬으로 유배되어 외롭고 낙심했을 때 하늘나라의 하나님보좌 환상을 보게 된 것이다. 영원부터 영원까지 계신 하나님이 2600년이 지난 오늘 우리에게도 동일하게 함께 하시며, 힘들고 지쳐있을 때 더욱 우리와 만나길 원하신다는 메시지를 주셨다. 나는 너무 감사해서 펑펑 울었다.

"하나님 어떤 순서대로 할까요?"

"1. 사도신경 2. 찬송 3. 기도 4. 암송 5. 묵상 6. 말씀 나누기 7. 적용 8. 암송(새로 주신 구절) 9. 기도 10. 주기도문."

"찬송은 무엇을 할까요?"
"내 주의 보혈은." (254장)

"암송은 어느 말씀을 할까요?"
"디모데전서 6:15~16"

> 기약이 이르면 하나님이 그의 나타나심을 보이시리니 하나님은 복되시고 유일하신 주권자이시며 만왕의 왕이시며 만주의 주시요 오직 그에게만 죽지 아니함이 있고 가까이 가지 못할 빛에 거하시고 어떤 사람도 보지 못하였고 또 볼 수 없는 이시니 그에게 존귀와 영원한 권능을 돌릴지어다. 아멘

"언제부터 할까요?"
"이제 준비가 되었으니 다음 주부터 하여라."

"더 준비 할 것은 없나요?"
"성경 4권을 더 준비하고 반장을 뽑아라."

"어떤 방법으로 뽑을까요?"
"제비뽑기를 하는데 하트 모양이 그려진 종이를 뽑는 사람이다."

"누가되길 원하시나요?"

"임 권사가 될 것이다."

그리고 우리가 앉아 있는 모습을 그림으로 보여 주셨다.

큐티를 시작하다

나는 그 전 주에 목사님께 허락을 받고 2008. 7. 28일에 처음으로 큐티를 시작했는데 하나님이 함께 하심을 생생하게 체험했다.

앉아있는 모습이 오는 순서가 다 달랐는데도 불구하고 그림에서 보여주신 그대로였다. 우리는 이 사실에 다 같이 기뻐했다.

하나님이 가르쳐 주신 순서대로 인도를 했고, 성령께서 주시는 감동에 의해 찬송을 부를 때 가사를 음미하며 3절을 한 번 더 불렀다. 말씀을 묵상할 때 성경 한 권은 에스겔1장, 한 권은 계시록4장을 나란히 펴서 함께 보게 하였다.

말씀을 나누는데 권사님들이 처음이라서 잘 모르겠다고 한다.

나는 미리 준비한 크로스웨이 성경 교재에서 하나님의 보좌에 대한 그림을 빼간 것을 보여주며 이해를 도왔다. 그리고 하나님께서 내게 깨닫게 하신 내용들을 나누었다.

1. 하나님은 영원부터 영원까지 동일하신 분이다.
2. 오늘도 주님을 찾는 자들을 만나주시며 힘들어 지쳐있고 억눌려

있을 때 더 만나길 원하신다.

3. 큐티를 처음 시작하는 우리들에게 하나님이 어떤 분이신지를 먼저 보이길 원하셔서 하나님 보좌와 형상에 대해 알게 하셨다.

4. 보좌를 이끄는 4생물은 하나님이 창조하신 모든 생물을 대표하며 하늘아래에서 가장 힘센 동물들이지만 오직 하나님께만 영광과 존귀를 돌리기 위해 창조된 존재들이다.

5. 하나님은 이들이 날개로 연합한 것처럼 우리 모두 사랑으로 연합하길 원하신다. (겔1:11)

6. 하나님의 보좌는 4생물들에 의해 돌이키지 않고 원하시는 방향으로 전진만 하는데 하나님께는 앞뒤 좌우 없이 사방이 동일하다는 뜻이다. (겔1:12)

   *그것은 또한 하나님께 우리 모두는 동일하게 존귀한 존재라는 의미이다.

7. 계시란 감춰진 것을 드러내 보이는 것으로서 계시록의 내용은 하나님께로부터 직접 나온 것이다.

8. 오늘 우리의 큐티 모임도 하나님이 친히 계획하시고 주관하셨으며 앞으로도 계속 성령께서 이끌어 가실 것이다.

순서대로 다 마친 후에 반장을 뽑았는데 정말 임권사가 뽑혔다.

나는 온 몸에 소름이 돋을 정도였다.

놀라우신 하나님께 우리는 다 같이 영광의 박수를 올려 드렸다.

처음에 4명이었는데 2년 전부터 5명이 매주 월요일 10시에 모여, 약 2시간 반 동안 먼저 한 주간 적용했던 삶을 나누고 정해주신 순서

대로 큐티를 하는데 권사님들의 성경을 깨닫는 통찰력이 놀랍게 발전했다.

무엇보다도 같은 말씀이지만 각자의 형편과 심리적 상태에 따라 다르게 깨닫게 하신다는 사실이 신기하다. 물론 같은 맥락에서 깨닫는 경우도 있지만 보완적 측면이 더 강하다. 우리는 서로가 깨달은 내용을 나눌 때마다 세밀하게 함께하시는 성령님을 경험하며 놀랄 때가 많다.

암송은 한 주에 10구절씩 반복해서 한다.

그리고 나라와 민족, 대통령과 위정자들, 교회와 목사님들, 북한, 중보 할 사람들과 큐티 가족들 가정을 위해 기도한다.

> 그러므로 내가 첫째로 권하노니 모든 사람을 위하여 간구와 기도와 도고와 감사를 하되 임금들과 높은 지위에 있는 모든 사람을 위하여 하라 이는 우리가 모든 경건과 단정함으로 고요하고 평안한 생활을 하려 함이라. (딤전2:1~2)

철저하게 준비하다

나는 이해를 돕기 위해 시대적 배경이나 역사적 사건들을 설명해야 할 경우가 있을 때, 혹시라도 오류를 범하지 않으려고 성경 사전이나 주석 성경을 꼼꼼히 찾아보고 전달한다.

이렇게 큐티 모임에서 기도한 내용들이 응답을 빨리 받을 뿐 아니라 큐티 하시는 권사님들의 가정에 믿음의 진보를 보이고 터가 굳어져가고 있다.

작년까지 2년 5개월 동안 신명기부터 사무엘하까지 마쳤는데, 금년에는(1월 3일) 창세기부터 하라고 말씀하셔서 준비하고 있었다. 그런데 주일날(1월 2일) 주보를 보다가 나는 깜짝 놀랐다. 담임 목사님이 올해부터 가정예배를 창세기에서부터 시작하신 것이다.

이런 일들이 사실 그동안 너무 자주 있어서 큐티 가족들이 기뻐하며 자부심을 갖고 있었다. 우리 큐티에서 함께 나눈 내용들을 수요 예배 때 목사님들이 말씀하시거나, 주일날 담임 목사님 설교 중에 암송 구절을 다시 듣게 하셔서, 성령님은 한 분이시며 우리 모임을 친히 인도하신다는 확증을 해주시기 때문이다.

그래서 우리는 아무리 날씨가 덥거나 추워도 빠지지 않고 이 시간을 너무 사모하며 기다리게 된다.

놀라운 하나님의 대답

2009년 9월 말 나는 드디어 하나님의 놀라운 대답을 들었다.

"왜 믿는 자녀들의 가정에도 안 믿는 사람들과 다름없이 문제들이 많고 아픔과 슬픔이 끊이질 않나요?"
"죄 문제가 해결되지 않아서 그런 것이니라."

"네? 우리의 죄는 예수님을 믿음으로 다 해결 받은 것 아닌가요?"
"믿음으로 용서와 구원은 받지만 보응은 남아 있느니라."

그리고 다음 말씀들을 생각나게 하셨다.

> 인자를 천대까지 베풀며 악과 과실과 죄를 용서하리라 그러나 벌을 면제하지는 아니하고 아버지의 악행을 자손 삼사 대까지 보응하리라. (출34:7)

> 여호와는 노하기를 더디 하시고 인자가 많아 죄악과 허물을 사하시나 형벌 받을 자는 결단코 사하지 아니하시고 아버지의 죄악을 자식에게 갚아 삼사 대까지 이르게 하리라 하셨나이다.
> (민14:18)

"그러면 어떻게 해야 하나요?"
"회개를 해야지!"

"우리가 기도할 때마다 회개하잖아요?"
"믿지 않는 가족이나 회개하지 않고 죽은 조상들의 죄는 어떻게 할래?"

> 너희의 남은 자가 너희의 원수들의 땅에서 자기의 죄로 말미암아 쇠잔하며 그 조상의 죄로 말미암아 그 조상 같이 쇠잔하리라. (레26:39)

우리 조상들이 범죄하여 우리 하나님 여호와 보시기에 악을 행하여 하나님을 버리고 얼굴을 돌려 여호와의 성소를 등지고 또 낭실 문을 닫으며 등불을 끄고 성소에서 분향하지 아니하며 이스라엘의 하나님께 번제를 드리지 아니하므로 여호와께서 유다와 예루살렘에 진노하시고 내 버리사 두려움과 놀람과 비웃음거리가 되게 하신 것을 너희가 똑똑히 보는 바라 이로 말미암아 우리의 조상들이 칼에 엎드러지며 우리의 자녀와 아내들이 사로잡혔느니라. (대하29:6~9)

우리 조상들의 때로부터 오늘까지 우리의 죄가 심하매 우리의 죄악으로 말미암아 우리와 우리 왕들과 우리 제사장들을 여러 나라 왕들의 손에 넘기사 칼에 죽으며 사로잡히며 노략을 당하며 얼굴을 부끄럽게 하심이 오늘날과 같으니이다. (스9:7)

"네? 조상들의 죄까지도 우리가 회개해야 하나요?"
"사탄은 죄악의 흔적을 따라 공격하기 때문에 대신 너희라도 반드시 회개해야 하느니라."

내가 이 말을 듣고 앉아서 울고 수일동안 슬퍼하며 하늘의 하나님 앞에 금식하며 기도하여 이르되 하늘의 하나님 여호와 크고 두려우신 하나님이여 주를 사랑하고 주의 계명을 지키는 자에게 언약을 지키시며 긍휼을 베푸시는 주여 간구하나이다.
이제 종이 주의 종들인 이스라엘 자손을 위하여 주야로 기도하오며 우리 이스라엘 자손이 주께 범죄한 죄들을 자복하오니 주는 귀를 기울이시며 눈을 여시사 종의 기도를 들으시옵소서. 나와 내 아버지의 집이 범죄하여 주를 향하여 크게 악을 행하

큐티를 위해 기도하다

여 주께서 주의 종 모세에게 명령하신 계명과 율례와 규례를 지키지 아니하였나이다. 옛적에 주께서 주의 종 모세에게 명령하여 이르시되 만일 너희가 범죄하면 내가 너희를 여러 나라 가운데 흩을 것이요 만일 내게로 돌아와 내 계명을 지켜 행하면 너희 쫓긴 자가 하늘 끝에 있을지라도 내가 거기서부터 그들을 모아 내 이름을 두려고 택한 곳에 돌아오게 하리라 하신 말씀을 이제 청하 건데 기억 하옵소서 이들은 주께서 일찍이 큰 권능과 강한 손으로 구속하신 주의 종들이요 주의 백성이니이다. 주여 구하오니 귀를 기울이사 종의 기도와 주의 이름을 경외하기를 기뻐하는 종들의 기도를 들으시고 오늘 종이 형통하여 이 사람들 앞에서 은혜를 입게 하옵소서 하였나니 그 때에 내가 왕의 술 관원이 되었느니라. (느헤미야1:4~11)

그들이 나를 거스른 잘못으로 자기의 죄악과 그들의 조상의 죄악을 자복하고 또 그들이 내게 대항하므로 나도 그들에게 대항하여 내가 그들을 그들의 원수들의 땅으로 끌어갔음을 깨닫고 그 할례 받지 아니한 그들의 마음이 낮아져서 그들의 죄악의 형벌을 기쁘게 받으면 내가 야곱과 맺은 내 언약과 이삭과 맺은 내 언약을 기억하며 아브라함과 맺은 내 언약을 기억하고 그 땅을 기억하리라. (레26:40~42)

내가 그들의 하나님이 되기 위하여 민족들이 보는 앞에서 애굽 땅으로부터 그들을 인도하여 낸 그들의 조상과의 언약을 그들을 위하여 기억하리라 나는 여호와이니라. (레26:45)

"그러면 우리 조상들이 알고도 지은 죄, 모르고 지은 죄를 제가 대신 회개하오니 용서해 주시라고 하면 되나요?"
"그것은 단지 바퀴벌레가 네 앞에 나타났을 때 잡아서 버리는 것과 같으니라."

"그렇게 하면 되는 거 아닌가요?"
"너희 집 환경 구석구석에 까놓은 알에서 깨어 나온 바퀴벌레들이 한꺼번에 공격하면 어떻게 할래?"

"네!? 그럼 어떻게 해야 되나요?"
"죄를 낱낱이 회개하는 것은 바퀴벌레 알을 하나하나 핀셋으로 집어서 버리는 과정과 같으니라."

"무슨 죄를 지었는지 제가 모르잖아요?"
"내가 하나하나 가르쳐 주마"

그리고 보니 이전에 손 장로님 책에서 조상들의 죄를 대신 회개(동일시 회개)해야 한다는 내용을 읽은 기억이 났다.

그 때만 해도 나는 그 내용이, 주님 오시기 전 구약시대의 이야기려니 하고 별로 가슴에 와 닿지 않았었다.

그런데 하나님께서 친히 말씀해 주시니 너무 놀라웠다.

그리고 하나님께서 이 땅에 사는 동안 내내 사탄과의 전쟁이며 왜 회개를 해야 하는지 성경적 원리들을 풀어 주기 시작하셨다.

말씀을 새롭게 풀어주시다

빼앗긴 권한

> 하나님이 그들에게 복을 주시며 그들에게 이르시되 생육하고
> 번성하여 땅에 충만하라, 땅을 정복하라, 바다의 물고기와 하
> 늘의 새와 땅에 움직이는 모든 생물을 다스리라 하시니라.
>
> (창1:28)

하나님이 창조 후에 **생육, 번성, 충만, 정복, 다스림**의 5가지 축복
권을 사람에게 주셨는데, 아담과 하와의 범죄로 인해 하나님이 원하
셨던 사람과 하나님간의 친밀하게 교제하는 관계는 깨어지고 인간은
죄(사탄)의 종노릇을 하게 되었다.

노아의 홍수 전까지 1656년(창5장 참고) 동안 인류가 번창할수록
죄악이 점점 더 관영해지자 하나님은 사람 지으심을 한탄하시고 홍수

로 모든 피조물들을 멸하실 계획을 세우셨다.

> 여호와께서 사람의 죄악이 세상에 가득함과 그의 마음으로 생
> 각하는 모든 계획이 항상 악할 뿐임을 보시고 땅위에 사람 지
> 으셨음을 한탄하사 마음에 근심하시되 이르시되 내가 창조한
> 사람을 내가 지면에서 쓸어버리되 사람으로부터 가축과 기는
> 것과 공중의 새까지 그리하리니 이는 내가 그것 들을 지었음을
> 한탄함이니라 하시니라. (창6:5~7)

> 그때에 온 땅이 하나님 앞에 부패하여 포악함이 땅에 가득한지
> 라 하나님이 보신즉 땅이 부패하였으니 이는 땅에서 모든 혈육
> 있는 자의 행위가 부패함 이었더라. 하나님이 노아에게 이르시
> 되 모든 혈육 있는 자의 포악함이 땅에 가득하므로 그 끝 날이
> 내 앞에 이르렀으니 내가 그들을 땅과 함께 멸하리라.
>
> (창6:11~13)

하지만 하나님과 늘 동행하며 순종하는 노아를 기억하시고, 은혜를
베풀어 방주를 만들게 하여 그 가족과 함께 구원하시고 그와 언약을
세우셨다. 온전히 하나님만 의뢰하는 의인이었던 노아는 하나님의 구
속사 안에서 선택 받은 인물이 되었다.

> 그러나 노아는 여호와께 은혜를 입었더라. 이것이 노아의 족보
> 니라 노아는 의인이요 당대에 완전한 자라 그는 하나님과 동행
> 하였으며 (창6:8~9)

그러나 너와는 내가 내 언약을 세우리니 너는 네 아들들과 네
아내와 네 며느리들과 함께 그 방주로 들어가고 혈육 있는 모
든 생물을 너는 각기 암수 한 쌍씩 방주로 이끌어 들여 너와
함께 생명을 보존하게 하되 새가 그 종류대로, 가축이 그 종류
대로 각기 둘씩 네게로 나아오리니 그 생명을 보존하게 하라.

(창6:18~20)

그리고 홍수 후에 노아의 가족 8식구를 통해서 하나님은 제 2의 창
조를 하시기 위하여 아담에게 주셨던 것처럼 그들에게 복을 주시는데
생육, 번성, 충만, 다스림의 4가지 축복 권만 주셨다.

하나님이 노아와 그 아들들에게 복을 주시며 그들에게 이르시
되 **생육**하고 **번성**하여 땅에 **충만**하라. 땅의 모든 짐승과 공중
의 모든 새와 땅에 기는 모든 것과 바다의 모든 물고기가 너희
를 두려워하며 너희를 무서워하리니 이것 들은 너희의 **손에 붙
였음(다스림)**이니라. (창9:1~2)

그러면 **정복** 권은 왜 빠졌을까?

그것은 아담과 하와가 범죄 함으로 사탄에게 빼앗겼기 때문이다.

지금도 그들은 공중(하늘아래 세상) 권세를 잡고 이 세상의 통치자
로서 우리를 공격하며 죽음으로 이끌려고 혈안이 되어 있다.

그래서 예수님도 그들을 *세상의 임금*이라 부르고 계신 것이다.

이 후에는 내가 너희와 말을 많이 하지 아니하리니 이 *세상의 임금*이 오겠음이라 그러나 그는 내게 관계할 것이 없으니

(요14:30)

심판에 대하여라 함은 이 *세상 임금*이 심판을 받았음이라.

(요16:11)

한사람의 범죄로 말미암아 사망이 그 한사람을 통하여 왕 노릇 하였은즉…… (롬5:17)

예수님이 시험을 받으신 이유

이 때문에 예수님이 세례를 받으시고 막 공생애를 시작하실 때 제일 먼저 성령께 이끌리어 광야로 가서 40일을 금식하시며 사탄에게 시험을 받는 훈련을 하신 것이다.

예수께서 세례를 받으시고 곧 물에서 올라 오실새 하늘이 열리고 하나님의 성령이 비둘기 같이 내려 자기 위에 임하심을 보시더니 하늘로부터 소리가 있어 말씀하시되 이는 내 사랑하는 아들이요 내 기뻐하는 자라 하시니라. (마3:16~17)

그때에 예수께서 성령에게 이끌리어 마귀에게 시험을 받으러 광야로 가사 사십일을 밤낮으로 금식하신 후에 주리신지라 시험하는 자가 예수께 나아와서 이르되 네가 만일 하나님의 아들이어든 명하여 이 돌들로 떡덩이가 되게 하라 예수께서 대답하

여 이르시되 기록되었으되 사람이 떡으로만 살 것이 아니요 하나님의 입으로부터 나오는 모든 말씀으로 살 것이라 하였느니라. 하시니 이에 마귀가 예수를 거룩한 성으로 데려다가 성전 꼭대기에 세우고 이르되 네가 만일 하나님의 아들 이어든 뛰어내리라 기록되었으되 그가 너를 위하여 그의 사자들을 명하시리니 그들이 손으로 너를 받들어 발이 돌에 부딪치지 않게 하리로다 하였느니라.

예수께서 이르시되 또 기록되었으되 주 너의 하나님을 시험하지 말라 하였느니라. 하시니 마귀가 또 그를 데리고 지극히 높은 산으로 가서 천하만국과 그 영광을 보여 이르되 만일 내게 엎드려 경배하면 이 모든 것을 네게 주리라 이에 예수께서 말씀 하시되 사탄아 물러가라 기록되었으되 주 너의 하나님께 경배하고 다만 그를 섬기라 하였느니라. 이에 마귀는 예수를 떠나고 천사들이 나와서 수종드니라. (마4:1~11)

같은 내용의 성경 말씀이 (막1:9~13)에도 기록되어 있다.

아담이 단번에 사탄의 유혹에 넘어간 것과 달리 예수님은 똑같이 먹을 것을 가지고 시험했지만 40일이나 굶주리셨음에도 불구하고 단호하게 거절하셨다.

그러자 사탄은 점점 더 높은 차원의 조건을 제시하며 미혹 했다. 단순하게 육적인 것에서 영적인 것으로, 사람들이 가장 갖고 싶어 하는 권세를 가지고 유혹했지만 예수님은 당당하게 물리치셨다.

이것은 예수를 믿는 우리 모두에게도 이와 같은 유혹이 수시로 올 수 있으며, 그것을 물리치는 것이 사탄과의 전쟁임을 알려 주시는 것이다.

그래서 예수님은 그럴 때마다 어떻게 대적해야 승리 할 수 있는지를 본으로 보여주신 것이다.

또한 아담은 풍요와 안정 속에서 범죄 하였으나 예수님은 최악의 조건에서 물리치시고 승리 하셨다.

이때 성령께 이끌리어 광야로 가셨다는 것은 하나님의 철저한 계획 속에 반드시 거쳐야 할 시험의 과정이었다는 것을 말해 준다. 그러기에 천사들도 옆에서 지켜만 보고 있었던 것이다.

이에 마귀는 예수를 떠나고 천사들이 나아와서 수종드니라.
(마4:11)

그리고 마귀에게는 언제나 **명령**과 **선포**로 물리쳐야 한다는 사실을 우리에게 가르치시는 내용이기도 하다.

우리의 씨름은 혈과 육을 상대하는 것이 아니요 통치자들과 권세들과 이 어둠의 세상 주관자들과 하늘에 있는 악의 영들을 상대함이라. (엡6:12)

사도 바울이 사탄을 **통치자, 권세, 어둠의 세상 주관자, 하늘에 있는 악의 영**으로 분류한 것은 사탄의 통치범위가 그만큼 광범위 할 뿐만 아니라 세력 또한 대단함을 나타내는 것이다.

그러므로 예수님을 따르는 그리스도인들의 삶 자체가 그들과 투쟁을 해야만 하는 전투적인 삶임을 보여주는 것이다.

왜냐하면 예수님이 마귀의 시험을 물리치시고 승리하는 것으로 시작한 공생애 내내 종교지도자들(바리새인), 정치지도자들(헤롯, 빌라도), 유대인들을 통해 공격하는 악한 영들과의 지속된 전쟁 속에서 돌파의 삶을 사셨기 때문이다.

어디 그뿐인가. 메시아를 기다린다는 유대인들에 의해 메시아가 십자가에 못 박히신 기막힌 일이 벌어지지 않았는가!

그러나 주님은 그들의 영혼을 미혹하여 사망의 길로 이끌고 있는 어둠의 세력들을 보셨기에 십자가 위에서 다음과 같은 기도를 하신 것이다.

> 이에 예수께서 이르시되 아버지여 저들을 사하여 주옵소서 자기들이 하는 것을 알지 못함이니이다 하시더라… (눅23:34)

그러므로 사도 바울이 우리에게 혈과 육을 상대하지 말라고 권면하는 것은, 자칫 눈에 보이는 겉 사람을 미워하지 말고 그들 안에서 조종하는 흑암의 권세를 보라는 말이다.

> 그런즉 너희는 하나님께 복종 할지어다 마귀를 대적하라 그리하면 너희를 피하리라. (약4:7)

> 근신하라 깨어라 너희 대적 마귀가 우는 사자와 같이 두루 다니며 삼킬 자를 찾나니 너희는 믿음을 굳건하게 하여 그를 대적하라 이는 세상에 있는 너희 형제들도 동일한 고난을 당하는 줄을 앎이라. (벧전5:8~9)

회개를 외치시는 예수님

　마귀의 시험을 물리치시고 예수께서 그 다음 하신 일이 천국이 가까이 왔으니 회개하라고 선포하신 일이다.

　예수님 안에 이미 성령이 함께 하시기에 하나님과 죄인은 화목 할 수 없으므로 회개하여 죄로부터 떠나라는 뜻에서 예수님은 회개를 외치신 것이다.

> 이때부터 예수께서 비로소 전파하여 이르시되 회개하라 천국이 가까이 왔느니라 하시더라. (마4:17)

> 모든 것이 하나님께로서 났으며 그가 그리스도로 말미암아 우리를 자기와 화목하게 하시고 또 우리에게 화목하게 하는 직분을 주셨으니 곧 하나님께서 그리스도 안에 계시사 세상을 자기와 화목하게 하시며 그들의 죄를 그들에게 돌리지 아니하시고 화목하게 하는 말씀을 우리에게 부탁하셨느니라.
>
> (고후5:18~19)

　예수님께 물로 세례를 베푼 요한도 역시 광야에서 "회개하라 천국이 가까이 왔다"고 외치고 다녔다. 그리고 자신은 사람들이 회개하도록 물로 세례를 베풀지만 예수님은 성령과 불로 세례를 베푸실 것이라고 했다.

　세례 요한의 이 외침은, 이제 예수님이 오시면 성령이 그와 함께 하시며 하나님 나라의 능력이 이 땅에 임할 터인즉, 죄인의 속성에서 돌이켜 하늘에 속한 사람들이 되라는 뜻이라고 하셨다.

> 그때에 세례 요한이 이르러 유대 광야에서 전파하여 말하되 회개하라 천국이 가까이 왔느니라 하였으니. (마3:1~2)

> 나는 너희로 회개하게 하기 위하여 물로 세례를 베풀거니와 내 뒤에 오시는 이는 나보다 능력이 많으시니 나는 그의 신을 들기도 감당하지 못하겠노라 그는 성령과 불로 너희에게 세례를 베푸실 것이요. (마3:11)

*요한의 세례 → 죄로부터의 분리, 하나님나라 임재를 준비
*예수님의 세례 → 성령과 불(회복, 치유, 능력) 하나님나라 임재

회개가 없이는 죄 사함도 없고, 성령의 임재도 없으며, 거듭난 삶이 아닌 거짓의 자녀로 사는 것이다. 회개란 말이 성경에 100번 이상 나올 정도로 구원을 위해 반드시 거쳐야 하는 과정이며 죄악으로부터 연결된 끈을 끊어 버리는 방법이다.

비전 성경사전에 기록된 회개에 대한 내용을 적어 보겠다.

2) 회개(Repentance):하나님께로부터 떠나 있던 사람이 되돌아오는 것을 말한다. 헬라어로는 '메타노에오'(metanoeo)이며 '생각을 고친다'는 의미를 내포하고 있다. 회개는 성경에 100회 이상 언급된 중요한 주제이다. 회개는 세례 요한의 주제였고(마3:1~2) 예수님께서도 제자들을 보내실 때 회개를 가르치라고 명령하셨다.(마6:12) 오순절 이후 제자들은 회개를 선포했고(행2:38) 하나님께서도 회개를 명령하셨다.(행17:30) 참된 회개란 하나님 아버지께서 우리에게 허

락해주신 특권이다.(딤후2:25) 사람들이 복음의 메시지를 들을 때 성령은 그들의 죄를 깨닫게 해주시며 그 결과로 회개에 대한 강한 소원이 개인에게 나타나게 된다. 또한 하나님께서는 가끔 우리들을 회개하도록 하기 위해 책망하시거나 채찍으로 치시기도 하신다.(계3:19)

＊참고:
"그때에 세례 요한이 이르러 유대 광야에서 전파하여 말하되 회개하라 천국이 가까이 왔느니라 하였으니." (마3:1~2)
"제자들이 나가서 회개하라 전파하고 (막6:12)
"베드로가 이르되 너희가 회개하여 각각 예수 그리스도의 이름으로 세례를 받고 죄사함을 받으라 그리하면 성령의 선물을 받으리니" (행2:38)
"알지 못하던 시대에는 하나님이 간과하셨거니와 이제는 어디든지 사람에게 다 명하사 회개하라 하셨으니." (행17:30)
"거역하는 자를 온유함으로 훈계할지니 혹 하나님이 그들에게 회개함을 주사 진리를 알게 하실까 하며." (딤후2:25)
"무릇 내가 사랑하는 자를 책망하여 징계하노니 그러므로 네가 열심을 내라 회개하라." (계3:19)

그러면 회개는 한 번만 하면 되는 것인가?

절대 그렇지 않다. 우리가 식사한 그릇을 씻지 않은 채 거기다 음식을 다시 떠서 먹지 않을 뿐 아니라, 설거지 해놓은 그릇에 고춧가루나 밥풀이 조금만 붙어 있어도 다시 깨끗이 씻어서 먹는다.

이처럼 썩어질 육의 양식을 먹을 때도 깨끗이 씻어서 먹는데 하물며 하늘의 신령한 양식을 끊임없이 제대로 공급 받으려면 영적 설거지(회개)를 수시로 해야 하는 것이다.

안타까운 일이지만 겉으로 거룩한 것처럼 보이는 그리스도인들 중에, 그 내면 깊숙이 청소되지 아니하여 더러운 죄악의 덩어리가 자리하고 있어서 악한 영들이 그 속에 진을 치고 있는 사람들이 너무나 많다.

그렇게 사탄과 동거하는 사람들이 예배에 나와 말씀 듣고 찬송하고 교회에서 봉사를 많이 한다고, 그 사람이 결코 거듭난 사람이라고 주님은 인정하지 않으신다.

물론 그들을 사랑은 하시지만 정결한 속성을 갖기를 원하신다.

*본래 거룩이란 말은 하나님께만 쓰는 표현임

우리의 싸우는 무기는 육신에 속한 것이 아니요 오직 어떤 견고 한 진도 무너뜨리는 하나님의 능력이라 모든 이론을 무너뜨리며 하나님 아는 것을 대적하여 높아진 것을 다 무너뜨리고 모든 생각을 사로잡아 그리스도에게 복종하게 하니.

(고후10:4~5)

사탄과의 전쟁

이 세상에서 마귀의 공격으로부터 자유로운 사람은 아무도 없다.

사탄은 예수님까지도 시험할 수 있는 권한을 가진 영적 존재이기 때문이다. 사탄의 최대 강점은 어떠한 형태로든 변신이 가능하며 모든 피조물을 그의 대리물로 삼을 수 있다는 것이다.

특히 세상에 선한 영향력을 끼치는 훌륭하신 분들을 집중 공격하므로 건강이 좋지 않거나 여러 가지 어려움을 겪는 경우를 흔히 볼 수 있다.

예를 들어, 그동안 성도들에게 은혜를 끼치며 존경 받는 목회를 잘 해오시던 신실하신 목사님들이 질병으로 돌아가셔서 안타깝기가 이루 말 할 수 없다.

어디 그 뿐인가! 성공적인 목회를 하고 계시던 유명하신 분들이 여러 가지 문제로 줄줄이 무너지는 모습을 보면서 세상이 교회를 향해 손가락질 하는걸 알기에 우리는 너무나 가슴이 아프다.

많은 그리스도인들이 실망과 함께 세상 사람들처럼 그분들을 비난 하고 있겠지만 우리는 좀 더 현명하게 알고 대처할 필요가 있다. 그것이 바로 사탄의 전략이며 목표라는 것을, 마귀는 어떻게든 예수님 이름에 흠집을 내서 많은 사람들이 주님을 떠나 그의 졸개가 되도록 하기 위해 혈안이 되어있다는 사실을 알아야 한다.

첫째로는 그분들에게 책임이 있다고 본다. 다음과 같은 말씀들을 명심하고 늘 기도로 무장하지 않은 결과이리라.

"그런즉 선줄로 생각하는 자는 넘어질까 조심하라."

(고전10:12)

"내가 내 몸을 쳐 복종하게 함은 내가 남에게 전파한 후에 자신이 도리어 버림을 당할까 두려워함이로다." (고전9:27)

하지만 성도들도 평소 담임 목사님을 위해 얼마나 간절히 기도 했나 돌아보고 그들의 전략에 말려들면 안 된다고 생각한다.

이럴 때일수록, 다 같이 합심하여 교회를 위해 뜨겁게 기도하며 성도들 각자가 하나님의 전신갑주로 무장한 채 진리의 성을 쌓아 분리시키고 이간시키려는 사탄의 계획을 물리쳐야만 한다.

우리는 주님께서 이미 승리하셨기에 **'예수 그리스도의 이름'**이라는 사탄을 대적하여 싸워서 이길 **강력한 무기**를 물려받은 것이다. 주님의 자녀들은 이 치열한 전투를 주님 재림하실 때까지 해야만 하는 것이다.

> 마귀의 간계를 능히 대적하기 위하여 하나님의 전신 갑주를 입으라 우리의 씨름은 혈과 육을 상대하는 것이 아니요 통치자들과 권세들과 이 어둠의 세상 주관자들과 하늘에 있는 악의 영들을 상대함이라 그러므로 하나님의 전신 갑주를 취하라 이는 악한 날에 너희가 능히 대적하고 모든 일을 행한 후에 서기 위함이라. (에베소서6:11~13)

나는 성령님의 인도하심에 따라 요한 계시록 21장을 읽다가 7~8절을 보고 너무나 놀랐다.

계시록 21장은 우리가 익히 잘 아는 예수님의 재림 때 새 하늘과 새 땅이 임하는 내용인데, 생명수 샘물을 값없이 상속으로 받는 자의 자격이 **이기는 자**라는 것이다. 반대로 불과 유황의 못에 던져져 둘째 사망에 이르는 자의 첫 번째 조건이 **두려워하는 자**라는 사실이었다. 이때 내가 성경을 27독 째 하고 있었는데 그전에 발견하지 못했던 사실을 하나님이 계시를 열어 보여주신 것이다.

또 내게 말씀 하시되 이루었도다. 나는 알파와 오메가요 처음과 마지막이라 내가 생명수 샘물을 목마른 자에게 값없이 주리니 이기는 자는 이것들을 상속으로 받으리라 나는 그의 하나님이 되고 그는 내 아들이 되리라 그러나 두려워하는 자들과 믿지 아니하는 자들과 흉악한 자들과 살인자들과 음행하는 자들과 점술가들과 우상숭배자들과 거짓말하는 모든 자들은 불과 유황으로 타는 못에 던져지리니 이것이 둘째 사망이라.

(계21:6~8)

여기서 두려워하는 자란 사탄의 공격을 이기지 못하고 낙심하거나 죄의 습성에 빠져있는 사람을 말하는 것이다.

그러므로 우리는 담대하게 주님의 이름으로 마귀를 대적하여 이겨서 날마다 승리의 삶을 살아야 결국 생명수 샘물을 상속으로 받게 되는 것이라고 깨닫게 해주셨다.

그리고 베드로 전서 5장 9절 하 반절 말씀이 새롭게 마음에 들어왔다.

너희는 믿음을 굳건하게 하여 그를 대적하라 이는 세상에 있는 너희 형제들도 동일한 고난을 당하는 줄을 앎이라. (벧전5:9)

〈근신하라 깨어라 너희 대적 마귀가 우는 사자 같이 두루 다니며 삼킬 자를 찾나니 너희는 믿음을 굳건하게 하여 그를 대적하라.〉 (벧전5:8~9)

이렇게 나는 지금까지 상 반절 말씀만 8절과 함께 암송했었는데, 하 반절 말씀에 더 귀한 뜻이 있는 줄을 깨닫게 하신 것이다. 그 뜻은 이

말씀을 새롭게 풀어주시다

세상의 모든 사람들은 마귀에게 공격을 당하기에 우리가 사탄과 싸워서 이긴 경험담을, 믿음의 형제나 믿지 않는 모든 나와 같은 고난을 당하는 사람들에게 이야기 하여, 그들도 예수님의 이름과 성령의 도우심으로 이기게 하라는 말씀이다.

궁금증을 해결 받다

그런데 나는 의문이 남는 성경 말씀이 있어서 하나님께 물었다.

> 인자를 천대까지 베풀며 악과 과실과 죄를 용서하리라 그러나
> 벌을 면제하지는 아니하고 아버지의 악행을 자손 삼사 대까지
> 보응 하리라. (출34:7)

"하나님 인자를 천대까지 베푸신다면서 아비의 악행을 자손 삼사
대까지 보응하신다는 말씀은 무슨 뜻인가요?"
"죄를 지은 자들에게도 구원의 길은 열어 주지만 회개하지 아니
한 죄악의 값은 대물림으로까지 치러야 한다는 뜻이다."
(선천적 질병, 사업실패, 이혼, 유산, 자살, 정신질환 등등의 고난)

"그런데 날 때부터 맹인이 된 사람을 보시고 예수님이 그 사람이나

그 부모의 죄로 인한 것이 아니라고 하셨잖아요?"

> 예수께서 길을 가실 때에 날 때부터 맹인 된 사람을 보신지라 제자들이 물어 이르되 랍비여 이 사람이 맹인으로 난 것이 누구의 죄로 인함이니이까 자기니이까 그의 부모니이까 예수께서 대답하시되 이 사람이나 그 부모의 죄로 인한 것이 아니라 그에게서 하나님이 하시는 일을 나타내고자 하심이라.
>
> (요9:1~3)

"그는 내가 바리새인들처럼 영적 소경인 자들을 깨닫게 하기 위하여 특별히 선택한 자이니라"

> 때가 아직 낮이매 나를 보내신 이의 일을 우리가 하여야 하리라 밤이 오리니 그 때는 아무도 일할 수 없느니라 내가 세상에 있는 동안에는 세상의 빛이로라. (요9:4~5)

이 말씀은 예수님이 십자가 고난을 당하시기 전에 주님이 곧 영적인 길과 진리, 생명이심을 나타내 보이셔야 한다는 뜻이라고 하셨다. 그러므로 하나님만이 하실 수 있는 표적을 그를 통해 나타내 보이시므로 예수님이 곧 하나님께로부터 오신 구원자이심을 증거 하여 영적인 소경들을 깨닫게 하려는 계획이셨다.

그리고 마태복음의 **두 소경을 고쳐 주신 사건**과 **선택받은 맹인의 사건**을 비교해서 풀어주셨다.

예수께서 거기에서 떠나 가실새 두 맹인이 따라오며 소리 질러 이르되 다윗의 자손이여 우리를 불쌍히 여기소서 하더니 예수께서 집에 들어가시매 맹인들이 그에게 나아오거늘 예수께서 이르시되 내가 능히 이 일 할 줄을 믿느냐 대답하되 주여 그러하오이다 하니 이에 예수께서 그들의 눈을 만지시며 이르시되 너희 믿음대로 되라 하시니 그 눈들이 밝아진지라 예수께서 엄히 경고하시되 삼가 아무에게도 알리지 말라 하셨으나 그들이 나가서 예수의 소문을 그 온 땅에 퍼뜨리니라. (마9:27~31)

– 두 맹인은 본인들이 먼저 예수님을 찾아 나옴 (마9:27)
– 택함 받은 맹인은 예수님이 먼저 보심 (요9:1)

예수께서 길을 가실 때에 날 때부터 맹인 된 사람을 보신지라.
(요9:1)

– 두 맹인에게는 눈을 만지시며 너희 믿음대로 되라고 선포하심
– 택함 받은 맹인에게는 땅에 침을 뱉어 진흙을 이겨 그의 눈에 바르시고 실로암 못에 가서 씻으라고 하심

이 말씀을 하시고 땅에 침을 뱉어 진흙을 이겨 그의 눈에 바르시고 이르시되 실로암 못에 가서 씻으라 하시니(실로암은 번역하면 보냄을 받았다는 뜻이라)이에 가서 씻고 밝은 눈으로 왔더라. (요9:6~7)

＊그는 예수님이 하나님이심을 나타내기 위해 특별히 보냄을 받은 자이다.

- 두 맹인에게는 믿음을 먼저 확인하신 후 고쳐주심

예수께서 집에 들어가시매 맹인들이 그에게 나아오거늘 예수께서 이르시되 내가 능히 이 일 할 줄을 믿느냐 대답하되 주여 그러하오이다 하니 이에 예수께서 그들의 눈을 만지시며 이르시되 너희 믿음대로 되라 하시니 (마9:28,29)

- 택함 받은 맹인은 치유해 주신 뒤 나중에 다시 만나서 믿느냐 물으심

예수께서 그들이 그 사람을 쫓아냈다 하는 말을 들으셨더니 그를 만나사 이르시되 네가 인자를 믿느냐 대답하여 이르되 주여 그가 누구시오니이까 내가 믿고자 하나이다. 예수께서 이르시되 네가 그를 보았거니와 지금 너와 말하는 자가 그이니라 이르되 주여 내가 믿나이다 하고 절하는지라. (요9:35~38)

여기서 주목할 것은, 하나님께서 구원 계획 속에 특별히 선택한 사람들에게는, 믿음보다 먼저 강권적인 능력 행하심이 나타나고 동시에 성령의 임재와 함께, 본인 의지와는 무관하게 회개를 시키신다는 사실이다. 그리하여 저절로 믿게 하신다.

이런 현상들이 요즘 성령 집회에서 전혀 예수 믿을 마음이 없는데 그저 강권함에 못 이겨 따라왔다가 성령과 불세례를 받고 완전히 뒤집어지는 사람들로 종종 나타나는 것이다.

좋은 예로 체안 목사님의 책〈능력의 세대여 일어나라〉에 나와 있는 내용을 적어 본다.

3) 하나님의 능력을 체험한 불신자

아키코는 마지못해 우리교회 예배에 참석했다. 젊은 일본 여성인 아키코는 다른 일본 학생을 통해서 오게 되었다. (데리고 온)그 친구는 풀러 신학교에 다니는데 며칠 전에 주님을 만나는 강력한 체험을 했었다. 맛 강당에 왔을 때 성령으로 충만해지고 방언을 하기 시작했는데(행2:4 참조) 자신도 깜짝 놀랐다! 전에는 은사주의자들을 곧잘 비웃던 자신이 그중 한 사람이 된다는 것은 생각 하지도 못한 일이었다.

내가 예배 후 아키코를 처음 만났을 때 영어를 하느냐고 물어보았던 기억이 난다. 아키코는 '조금' 한다고 대답했다. 내가 예수를 마음에 영접하겠냐고 물어보자 아키코는 잠시 주저하더니 대답했다. "아니요, 제 아버지는 시토 신자이고 어머니는 불교 신자거든요."

나는 이해한다고 말했다. 일본에 가본 적도 있고, 유학생 친구들이 많았기 때문에 일본에 기독교인 수가 1퍼센트 미만이라는 것을 알고 있었다. 그 이유 중 하나는 일본 사람은 사회의 일반 기준에 벗어나서는 안 된다는 관념을 가지고 있다. 기독교인이 된다는 것은 당연히 일반 기준에 벗어나는 것이다. 어느 정도로 심하냐 하면, 기독교인이 된다는 것은 집안과 문화를 저버린다는 의미이다. 일본 속담에 "튀어나온 못은 꼭 두드려 맞는다."라는 말이 있다. 그래서 부모님이 기독교인이 아니기 때문에 자신도 기독교인이 될 수 없다는 아키코의 말에 나는 이해가 갔다. 내가 그냥 축복기도만 해도 되겠냐고 물었더니 "예"라고 대답했다. 일본 사람들은 예수를 많이 영접하지는 않을지라도 굉장히 공손하기 때문에 대개 기도는 받아들인다. 하나님은 기회를 놓치지 않으신다. 형식에 지나지 않을지라도 그것을 통해 역사 하신다. 일본 사람들에게 사역할 때는 그저 간단하고 점잖은 기도를 하는 것이 최선이라는 것을 안다. 내가 아키코를 위해서 기도할 때도 간단히 성령님이 그녀에게 예수님의 계시를 주시라고 간구했다.(엡1:17 참조) 내 말이 입에서 떠나자마자 성령이 그녀에게 임했다. 아키코는 바닥에 쓰러져 20분은 족히 누워 있었다. 나는 많은 사람들이 성령의 능력으로 쓰러지는 것을 보아 왔지만 내가 알기로 그 사람들은 이미 믿는 사람들이었다. 내가 이 일을 의아하게 생각했던 것으로 기억한다. '이건 좀 흥미로운데? 믿지 않는 일본 사람이 성령 안에 안식하고 (쓰러져) 있다니.'

아키코는 주님의 임재 안에 한동안 머무르고 있었다. 꼼짝도 않고 가만히 오래 누워 있어서 나중에는 다소 걱정이 되었다. 다시 그녀에게 가서 무릎을 꿇고 괜찮으냐고 물어보자 괜찮다고 고개를 끄덕였다. 나는 "아키코, 예수님이 아키코에게 자신을 계시해 주셨나요?"라고 물었다. 아키코는 고개를 끄덕였다. 내가 보기에도 그녀가 하나님의 임재의 충만함에 젖어 있는 듯해서, 구원에 관해 다시 물어보아도 되겠다고 생각했다. "예수님을 마음에 모시고 그 분을 따르겠습니까?"라고 물었다.

아키코가 고갯짓으로 수긍했다. 나는 그녀를 도와서 일으켜 앉힌 후에 영접 기도를 같이 했다. 아키코는 멋진 기독교인이 되었다. 그 후 집안의 반대에도 불구하고 주님께 헌신하면서 계속 성장하고 있다.

이 일을 통해 나는 교훈을 얻었다. 내가 아키코에게 말로 전도를 했다면 아무 소용이 없었을 것이다. 물론 어째서 예수님이 부처보다 더 나은지 최선을 다해 변증을 펼칠 수도 있었을 것이다. 그러나 내가 탁월한 통찰력을 가지고 열심히 말했다 할지라도 아마 예수님에 대한 아키코의 마음을 바꾸지는 못했을 것이다.

내가 그런 식으로 그저 자연적인 식견을 말했다면 아키코는 마지못해서, 아니면 체면을 차리기 위해서 기도는 따라했을지 모르겠지만 자신의 마음을 진정 주님께 드리지는 않았을 것이다. 그러나 사랑과 임재와 성령님의 능력을 직접 체험했을 때, 아키코의 마음이 열렸고 진심으로 반응했다. 아키코에게는 전혀 주저함이 없었고, 아키코의 적극적인 반응으로 볼 때 이것은 사람의 일이 아니라 하나님의 역사임을 알 수 있었다.

하나님께서 그 맹인을 특별히 선택하신 이유

1. 그 부모가 신실한 유대인이었다.

신실한 유대인이었기에 율법을 철저하게 지키다보니 죄로부터 멀리 떨어져 있었으며, 그를 위해 열심히 기도했다는 것이다.

그 부모가 이렇게 말 한 것은 이미 유대인들이 누구든지 예수를 그리스도로 시인하는 자는 출교하기로 결의하였으므로 그들을 무서워 함이러라. (요9:22)

2. 그는 그의 부모와 달리 바리새인들을 두려워하지 않았다.

대부분의 그리스도인들이 보이지 않는 하나님보다 눈앞에 보이는 권력이나 제도를 더 두려워한다.

그들이 욕하여 이르되 너는 그의 제자이나 우리는 모세의 제자라 하나님이 모세에게는 말씀하시는 줄을 우리가 알거니와 이 사람은 어디서 왔는지 알지 못하노라 그 사람이 대답하여 이르되 이상하다 이 사람이 내 눈을 뜨게 하였으되 당신들은 그가 어디서 왔는지 알지 못하는도다. 이 사람이 하나님께로부터 오지 아니하였으면 아무 일도 할 수 없으리이다. 그들이 대답하여 이르되 네가 온전히 죄 가운데서 나서 우리를 가르치느냐 하고 이에 쫓아내어 보내니라. (요9:28~34)

예수님이 이 사건을 통해 지적 하시려는 것은

1. 모든 고난이 다 죄로부터 오는 것으로 판단하고 고난 받는 자들을 함부로 정죄하지 말라는 것

죄의 흔적을 따라 사탄이 공격함으로 고난을 당하는 경우가 많지만, 그렇지 않은 하나님의 계획하심 속에 받는 고난도 있다. 그것은 오직 하나님만이 판단하실 일이기에 다만 우리는 고난 가운데 있는 형제들을 위로와 사랑, 소망과 격려 등으로 도와야 한다.

2. 안식일의 주인은 예수님이시며, 사람이 안식일을 위해 존재하는 것이 아니라 안식일이 사람을 위해 있다는 것을 명심할 것

형식과 계율, 제도에 얽매여 진정으로 성도들에게 필요한 성령의 강권적인 역사하심을, 가로막고 있는 종교지도자들이 요즘도 많은 것을 주님은 너무나 안타깝다고 하셨다.

> 예수께서 진흙을 이겨 눈을 뜨게 하신 날은 안식일이라 바리새인 중에 어떤 사람은 말하되 이 사람이 안식일을 지키지 아니하니 하나님께로부터 온 자가 아니라 하며 어떤 사람은 말하되 죄인으로서 어떻게 이러한 표적을 행하겠느냐 하여 그들 중에 분쟁이 있었더니. (요9:14, 16)
> 또 이르시되 안식일이 사람을 위하여 있는 것이요 사람이 안식일을 위하여 있는 것이 아니니 이러므로 인자는 안식일에도 주인이니라. (막2:27, 28)

3. 그의 부모들처럼 하나님보다 사람을 더 두려워하지 말 것

대부분의 종교지도자들이 하나님의 뜻을 따르기보다는 교단의 계율을 더 두려워하고 그 안에서 인정받기를 힘쓴다.

4. 참 진리를 추구하며 바리새인들처럼 논쟁을 일삼지 말 것

하나님은 예수를 믿는다고 하면서도 주님이 진정 바라시는 것이 무엇인가에 집중하기보다, 고집스러운 자기만의 신념을 깨뜨리지 못해 상대방에게 상처를 주는 자들이 많은 것을 마음 아파하신다.

5. 영적인 소경의 자리를 떠나 생명의 빛 되시는 주님을 따를 것

하나님이 주목하시는 곳을 함께 바라볼 수 있는 영적안목을 위해, 날마다 주님께 나아가 지혜와 통찰력을 구하길 간절히 원하고 계신다.

> 예수께서 이르시되 내가 심판하러 이 세상에 왔으니 보지 못하
> 는 자들은 보게 하고 보는 자들은 맹인이 되게 하려 함이라 하
> 시니 바리새인 중에 예수와 함께 있던 자들이 이 말씀을 듣고
> 이르되 우리도 맹인인가
> 예수께서 이르시되 너희가 맹인이 되었더라면 죄가 없으려니
> 와 본다고 하니 너희 죄가 그대로 있느니라. (요9:39~41)

위의 내용들을 말씀해 주시고 깨닫게 해주셔서 나는 궁금증이 풀려 속이 후련했다.

"그러면 하나님 어떤 순서로 기도할까요?"
"먼저 조상들의 죄를 대신 회개해야 하느니라."

그리고 다음과 같은 순서대로 하도록 머릿속에 떠올려 주셨다.

거듭남의 기도

조상들의 죄* 환경

1. 하나님! ( )집안 조상 대대로 지은 죄를 제가 대신 회개하오니 용서하여 주시옵소서. 우상을섬긴죄, 조상신을섬긴죄, 우상앞에자손들을팔은죄, 하나님을믿지않은죄, 살인한죄, 자살한죄, 유산한죄, 이혼한죄, 토색한죄, 도둑질한죄, 욕심부린죄, 거짓말한죄, 사기치고도박한죄, 학대하고폭행한죄, 말로상처준죄, 술마시고담배피고방탕한죄, 음란간음한죄, 동성애한죄, 혈기부린죄, 불평불만한죄, 판단하고정죄한죄, 미워하고저주한죄, 모함하고비방한죄, 시기질투한죄, 교만한죄, 고집과아집부린죄, 분쟁하고보복한죄, 의심하고불신한죄, 걱정근심한죄, 사치하고낭비한죄, 게으른죄 등 조상들이 지은 모든 죄를 제가 대신 회개하오니 용서하여 주시옵소서. (3번)

2. ( )조상대대부터 지은 죄로 인해 공격하는 모든 죄악의 연결고리와

사슬을 예수 그리스도의 이름으로 파쇄하고 끊어내노라.

(강력×3번)

3. 우리집안 환경 구석구석에서 방해하고 공격하는 모든 어둠의 세력들!! 종교의영, 불신의영, 살인의영, 자살의영, 유산의영, 이혼의영, 좌절의영, 우울증과조울증의영, 열등감의영, 가난의영, 토색의영, 도둑질의영, 탐욕의영, 거짓의영, 사기의영, 폭력의영, 분노의영, 고집의영, 교만의영, 지식의영, 판단과정죄의영, 미움과저주의영, 불평불만의영, 시기질투의영, 술마귀담배마귀방탕의영, 도박의영, 마약의영, 음란간음의영, 동성애의영, 미혹의영, 매개체의영, 사치와낭비의영, 게으름의영, 소화불량, 불면증, 편두통, 뇌졸중, 고혈압, 심장병, 관절염, 축농증, 당뇨, 비만, 중풍, 통풍, 치매, 변비, 비염, 뇌암, 폐암, 간암, 위암, 대장암, 신장암, 전립선암, 갑상선암, 자궁암 유방암 각종 암과 질병의 영 등 모든 흑암의 권세들은 우리집안 환경 구석구석과 공기의 흐름 하나하나에서 예수 그리스도의 이름으로 명하노니 영원히 떠나가고 사라지고 소멸될지어다.

(강력×3번)

4. 주님! 거룩하신 보혈로 우리집안 환경 구석구석과 공기의 흐름 하나하나까지도 덮어 주시옵소서. (3번)

5. 우리집안은 환경 구석구석과 공기의 흐름 하나하나까지도 전지전능하신 성령님의 은혜와 능력과 사랑과 기름 부으심으로 온전한 성령의 전과 믿음의 가정으로 거듭난 것을 예수 그리스도의 이름으로 선포하고 축복하노라! (3번)

6. 하나님! 하늘의 천군 천사를 초청하오니 보내시어 우리집안의 파수꾼으로 세워주셔서 온전히 성령님만 가득 임재하시는 성령의 전과 믿음의 가정으로 지키시고 보호하시고 축복하여 주시옵소서.

(3번)

> 너희 조상들과 너희 형제같이 하지 말라 그들은 그의 조상들의 하나님 여호와께 범죄 하였으므로 여호와께서 멸망하도록 버려 두신 것을 너희가 똑똑히 보는 바니라. 그런즉 너희 조상들 같이 목을 곧게 하지 말고 여호와께 돌아와 영원히 거룩하게 하신 전에 들어가서 너희 하나님 여호와를 섬겨 그의 진노가 너희에게서 떠나게 하라 너희가 만일 여호와께 돌아오면 너희 형제들과 너희 자녀가 사로잡은 자들에게서 자비를 입어 다시 이 땅으로 돌아오리라 너희 하나님 여호와는 은혜로우시고 자비하신지라 너희가 그에게로 돌아오면 그의 얼굴을 너희에게서 돌이키지 아니하시리라 하였더라. (대하30:7~9)

사람에게 할 때

1. 하나님! ( )가 지은 죄를 제가 대신 회개 하오니 용서하여 주시옵소서. 우상을섬긴죄, 조상신을섬긴죄, 우상앞에자손들을팔은죄, 하나님을믿지않는죄, 마음으로살인하고자살한죄, 유산한죄, 이혼한죄, 토색한죄, 도둑질한죄, 욕심부린죄, 거짓말한죄, 사기친죄, 도박한죄, 술마시고담배피고방탕한죄, 음란간음한죄, 동성애한죄, 학대하고폭행한죄, 말로상처준죄, 혈기부린죄, 불평불만한죄, 판단하고정죄한죄, 미워하고저주한죄, 모함하고비방한죄, 시기질투한죄, 교만

한죄, 고집과아집부린죄, 분쟁하고보복한죄, 의심하고불신한죄, 걱정근심한죄, 사치하고낭비한죄, 게으르고나태한죄 등 ( )가 지은 모든 죄를 제가 대신 회개하오니 용서하여 주시옵소서.　　　　(3번)

2. ( )가 지은 죄로 인해 공격하는 모든 죄악의 연결고리와 사슬을 예수 그리스도의 이름으로 파쇄하고 끊어내노라.　　　**(강력×3번)**

3. ( )의 영·혼·육에서 방해하고 공격하는 모든 어둠의 세력들!!
종교의영, 불신의영, 살인의영, 자살의영, 유산의영, 이혼의영, 좌절의영, 우울증과조울증의영, 열등감의영, 가난의영, 토색의영, 도둑질의영, 탐욕의영, 거짓의영, 사기의영, 폭력의영, 분노의영, 불평불만의영, 판단과정죄의영, 미움과저주의영, 시기질투의영, 술마귀담배마귀방탕의영, 도박의영, 마약의영, 음란간음의영, 동성애의영, 미혹의영, 매개체의영, 고집과아집의영, 교만의영, 지식의영, 사치와낭비의영, 게으름과나태의영, 소화불량, 불면증, 편두통, 뇌졸중, 고혈압, 심장병, 관절염, 축농증, 당뇨, 비만, 중풍, 통풍, 치매, 변비, 비염, 뇌암 폐암, 간암, 위암, 대장암, 신장암, 전립선암, 갑상선암, 자궁암, 유방암 각종 암과 질병의영 등 모든 흑암의 권세들은 ( )의 영·혼·육과 마음과 생각 속에서 예수 그리스도의 이름으로 명하노니 영원히 떠나가고 사라지고 소멸될지어다.

(강력×3번)

4. 주님! 거룩하신 보혈로 ( )의 영·혼·육 정수리부터 발끝까지 덮어주시옵소서.　　　　(3번)

5. ( )의 영·혼·육은 정수리부터 발끝가지 전지전능하신 성령님의 은

혜와 능력과 사랑과 기름 부으심으로 온전히 성령과 믿음의 사람으로 거듭난 것을 예수 그리스도의 이름으로 선포하고 축복하노라!

(3번)

6. 하나님 아버지! 하늘의 천군 천사를 초청하오니 보내시어 ( )영·혼·육의 파수꾼으로 세워주셔서 앞서가시고 뒤를 막아주심으로 오직 성령님께만 이끌림 받는 성령과 믿음의 사람으로 지키시고 보호하시고 축복하여 주시옵소서.

(3번)

＊3은 하나님의 수(성부, 성자, 성령)이므로 3번씩 하라고 하셨다.

거듭남의 기도문을 작성하고 한 달쯤 돼서 나는 로마서를 읽다가 또 한 번 놀랐다. (롬1:25~2:22)말씀에 1번에 기록한 회개할 죄목들이 거의 다 적혀 있었기 때문이다.

1. 하나님께서는 우상이나 다른 신 섬기는 것을 제일 싫어하시기 때문에 맨 먼저 그 죄를 회개하도록 하셨다.

> 너는 다른 신에게 절하지 말라 여호와는 질투라 이름 하는 질투의 하나님이니라. (출34:14)
> 너희는 자기를 위하여 우상을 만들지 말지니 조각한 것이나 주상을 세우지 말며 너희 땅에 조각한 석상을 세우고 그에게 경배하지 말라 나는 너희의 하나님 여호와임이니라. (레26:1)
> 다른 신에게 예물을 드리는 자는 괴로움이 더할 것이라.
>
> (시16:4)

된다. 특히 어린아이는 그에게 맞도록 적어서 하면 좋다. 예) 친구를 때린 죄,
친구와 싸운 죄, 커닝한 죄 ……,

2. 2번을 기도할 때는 마치 묶여 있는 쇠사슬을 망치로 내리쳐서 끊어
   내는 것을 상상하며 강력하게 선포해야 한다.
   예수 그리스도의 이름이 바로 **죄악의 사슬을 끊는 망치**인 것이다.

3. 3번을 기도할 때는 바퀴벌레 알을 하나하나 핀셋으로 집어내는 것
   처럼 죄악의 영들을 일일이 불러가며 강력하게 물리치니 속이 후련
   했다.
   *개인적으로 혹은 집안에 내려오는 특별한 질병이나 습관이 있을 땐, 그것을
   추가해서 하면 된다. 예) 불임, 생리불순, 아토피, 게임 중독 등

4. 죄를 회개하고, 죄악의 연결고리와 사슬을 끊고, 흑암의 권세들도
   몰아내고 나서 그 자리를 주님의 보혈로 채우고 덮는다.

5. 그리고 성령님의 은혜와 능력과 사랑과 기름 부으심으로 **정수리**부
   터 발끝까지 또는 환경 구석구석이 깨끗해져 거듭난 것을 선포하고
   축복한다.

> 나의 하나님이여 내가 부끄럽고 낯이 뜨거워서 감히 나의 하나
> 님을 향하여 얼굴을 들지 못하오니 이는 우리 죄악이 많아 정
> 수리에 넘치고 우리 허물이 커서 하늘에 미침이니이다.
>
> (에스라9:6)

6. 사탄이 또 공격해올 것을 대비하여 천군천사를 초청해서 파수꾼으로 세운다.

우리의 영·혼·육과 방문, 창문, 베란다, 현관 앞에 천사가 서서 마귀가 들어오지 못하도록 지키는 모습을 상상해 보라 얼마나 든든한가!

*거듭남의 기도 안에 명령, 선포, 간구가 다 들어 있다.

　*별첨에 있는 기도문을 오려서 투명 화일에 넣어 기도 하세요.

그리고 하나님께서 이 '거듭남의 기도'에 관한 책을 응답받은 사례들과 함께 써야 한다고 말씀하셨다.

안타까운 죽음

몇 개월 전에 우리는 참으로 안타까운 일을 겪어야만 했는데 바로 행복전도사로 국민들에게 꿈과 소망을 심어 주던 최 윤희 씨의 자살 사건이다. '밥은 굶어도 소망은 굶지 말라'며 외치던 그녀가 자신의 주장에 정면으로 위배되는 행위를 하였기에 우리는 더욱 당혹스러웠던 것이다.

지나고 보니 그녀가 그토록 꿈과 소망에 대한 의지적인 노력을 외쳤던 것은 자신의 현실에서 아무리 노력을 해도 잘 되지 않았기 때문인 것 같다.

그랬기에 역설적으로 자기암시 차원에서 더욱 강하게 외치며 주장하지 않았나 생각된다.

그녀가 자신의 문제에 대해 의학적, 심리적 측면뿐 아니라, 영적인 차원에서의 접근도 함께 했더라면 결과는 분명 달라지지 않았을까 나는 짐작해 본다.

모든 질병이 다 사탄의 공격에서 오는 것은 아니지만, 그렇다 할지라도 우리의 영·혼·육은 하나님께 지음 받았기에 그분의 명령에 순복하게 되어 있다. 그러므로 연약한 육신이 주님의 이름으로 반복하는 명령과 선포에 순종하며 회복되는 것이다.

말씀의 주체이신 "예수 그리스도"

예수 그리스도(성자)는 태초에 성부, 성령과 함께 삼위일체 하나님으로서 이 세상 창조에 동참하셨다.

> 태초에 말씀이 계시니라 이 말씀이 하나님과 함께 계셨으니 이
> 말씀은 곧 하나님이시니라   그가 태초에 하나님과 함께 계셨고
> 만물이 그로 말미암아 지은 바 되었으니 지은 것이 하나도 그
> 가 없이는 된 것이 없느니라 (요1:1~3)

그래서 우리가 마귀를 대적하거나 질병치유를 위해 기도 할 때 소리내어 **예수 그리스도**의 이름으로 강력하게 명령하고 선포하는 것이

중요하다.

말씀(주님)이 영으로 우리 안에 계시다가 우리가 그의 이름을 선포하면 비로소 말씀이 실체가 되어 활동하시므로 주님의 영인 성령께서 직접 능력을 나타내거나 천사를 통하여 돕기 때문이다.

> 그가 그의 말씀을 보내어 그들을 고치시고 위험한 지경에서 건
> 지시는도다 (시107:20)

> 여호와의 천사가 주를 경외하는 자를 둘러 진 치고 그들을 건
> 지시는도다 (시 34:7)

> 모든 천사들은 섬기는 영으로서 구원 받을 상속자들을 위하여
> 섬기라고 보내심이 아니냐 (히 1:14)

우리가 구분해서 사용할 표현

＊하나님(성령님)은 역사 하신다.
＊마귀(사탄)가 역사한다. → 마귀(사탄)는 공격(방해)한다.
＊예배를 본다. → 예배를 드린다.
＊일요일 → 주일

거듭남의 기도 = 명중기도

그리고 '거듭남의 기도'가 명중기도라고 원리를 설명해주셨다.

만약 내 앞에 늑대가 나타났을 때 잡기 위해 총으로 쐈는데 심장이나 눈을 쏘아 명중시키면 그 자리에서 잡을 수 있지만, 빗나가 다른 부분을 쏘았다면 도망갔다가 나중에 회복되어 다시 공격할 수 있는 것처럼, 일반적으로 우리들이 하고 있는 기도가 그렇다고 하셨다.

거듭남의 기도를 받은 지 2개월쯤 지나 서점에 들렀는데 이기철 목사님이 지은 '명중기도'라는 제목의 책이 눈에 확 띄었다. 나는 무조건 사서 읽어 보았는데 첫 페이지에 이렇게 씌어 있었다.

4) 명중이란, 활이나 총 또는 포를 쏠 때 쓰는 용어이다.
기도도 이와 같아서
첫째는 하나님의 마음에 명중되어야 하고,
둘째는 기도자의 마음에 명중되어야 하며,
셋째는 적들의 심장에도 명중되어야 한다.
기도자의 마음에 명중되어야 한다는 말은 기도 자와 그 안에 계신 주님과의 마음이 일치되어야 한다는 뜻이다.

나는 하나님께서 내게 설명해주신 원리를 확증 받게 되어 너무 감사했으며 세 번씩 기도하는 이유가 더 뚜렷해졌다.

40일 작정 거듭남의 기도를 하다

나는 그동안 기도를 많이 했기 때문에 조상과 가족들만 위해서 하면 되는 줄 알았는데 나부터 하라고 하셨다. 기도해주는 대리자가 축복권자로서 먼저 정결하게 되어야 그 능력이 강하게 나타나기 때문이리라.

2009년 10월 26일부터 40일 작정기도를 시작했는데 새벽에 일어나서 중보기도를 한 뒤 조상들의 죄(환경을 위한 기도)와 나를 위해 기도하고 오후에 어머니, 남편, 딸, 아들 각자를 위해서 기도하는데 하루에 3시간씩 걸렸다.

나는 그동안 영적인 꿈을 가끔 잘 꾸었었는데, 이 기도를 하면서부터 지저분한 꿈을 꾸기 시작했다. 너무 이상하여 하나님께 물었더니, 가려져 있던 악한 존재들이 거듭남의 기도를 통해 그 정체가 드러나게 된 것인데, 공격하던 영들이 물러가면 차츰 꿈이 맑아질 것이라고 하셨다.

확증해 주시다

'거듭남의 기도'를 시작한지 보름만인 11월 9~12일까지 WLI(나중에 자세히 설명함) 인텐시브 코스를 처음으로 참석하게 되었는데 하나님이 또 다시 놀라운 확증을 시켜주셨다.

강사는 리 함스 박사님이었는데 루터교 배경에서 성장한 그는 토목

학 박사로 약 13년 이상 대학교수로 재직하다가, 하나님의 부르심을 받고 1986년부터 미주리즈 캔사스 시티에서 목사님으로 특히 다문화 가정과 어린이 사역을 감당하고 있는 분이다.

약 30년 동안 전 세계를 다니며 치유와 축사 사역을 하시는데 최근 인도에서 사역할 때 수술로 절개되었던 발의 일부분이 다시 자라나는 놀라운 기적을 입은 분이기도하다.

그런데 둘째 날 강의 중에 아담에게서 불법으로 정복권을 빼앗아간 사탄이 공격하는 경로와 그 문을 차단하는 방법을 설명하면서, 10대 전 조상들의 죄까지 회개해야 한다고 하셨는데 나는 너무 깜짝 놀랐다.

뿐만 아니라 축사 기도를 할 때는 마귀가 어떻게 할지 모르기 때문에 눈을 뜨고 해야 하며, 예수의 이름으로 묶어야 한다고 하시는데 가슴이 뻥 뚫린 기분이었다.

2008년 봄에 나는 어느 권사님 자녀가 밤에 잠을 못잘 정도로 힘들어하는데 병원에 가도 소용이 없다고, 와서 기도해 줄 것을 요청 받았다. 그래서 하나님께 가도 되냐고 물었더니 가라고 하시며 말씀을 주셨다.

> 만군의 여호와께서 이와 같이 말씀하시니라 황폐하여 사람도 없고 짐승도 없던 이곳과 그 모든 성읍에 다시 목자가 살 곳이 있으리니 그의 양떼를 눕게 할 것이라. (렘33:12)

권사님들 두 분과 함께 가서 보니 그 청년의 얼굴빛이 푸르다 못해 검은 빛이 돌았는데 숨쉬기조차 힘들어하였다.

그런데 그가 나를 보자 "권사님 눈이 똥그래서 무서워요 쳐다보지 마세요." 한다. 사실 내 눈이 그렇게 똥그랗지는 않다.

주위를 둘러보니 눈에 딱 거슬리는 물건이 하나 있었다. 하얀 천으로 만든 가리개인데 상여를 연상케 하는 물건이었다.

성령께서 치우라고 하시길래 예배를 마친 뒤에 치우도록 권면하였다.

찬송을 세장 부르고 기도를 하는데 갑자기 성령님이 '눈을 뜨고 사탄을 묶고 발로 밟으라.'고 하신다.

내 의지와 상관없이 눈이 떠지며 손으로 그 청년의 머리위에서 묶는 몸짓과 함께 발로 밟는 행동들을 하는데, 너무 강력한 방언으로 기도가 나오며 10분 이상 그렇게 하자, 그 청년의 입에서 '후우'하는 커다란 한숨과 함께 얼굴이 평안해졌다.

그러면서 얼굴에 혈색이 돌아오는데 예배를 마칠 때는 너무 예쁜 모습이 되었다.

그날이 화요일이었는데 성령께서 5일 만에 마무리 지어질 것이라고 하신대로 목, 토 세 번 예배드리고 회복되었다.

사실 나는 이런 경험이 처음이며 단지 성령님께 순종했을 뿐, 그런 행동들이 내 상식으로는 이해가 안 가는 부분이기에, 계속 궁금해 했더니 하나님께서 말씀을 주셨다.

그러나 내가 하나님의 성령을 힘입어 귀신을 쫓아내는 것이면
하나님의 나라가 이미 너희에게 임하였느니라.
사람이 먼저 강한 자를 결박하지 않고서야 어떻게 그 강한 자
의 집에 들어가 그 세간을 강탈하겠느냐 결박한 후에야 그 집
을 강탈하리라. (마12:28~29, 막3:27)

나는 이런 영적인 일들을 누구에게 배워서 하는 것이 아니라, 성령
님께서 인도하시는 대로만 하다 보니 과연 내가 옳은 것인지 분명하
게 성령님의 뜻을 따른 것인지 궁금함이 많았었다.

그런데 그 일들이 과연 성령께서 하신 일이 분명함을 목사님을 통
해 확증 받게 되니 얼마나 감사한지 모르겠다.

또 '하나님께서 내게 말씀하신 사탄에게 빼앗긴 정복권과, 조상들의
죄에 대한 내용들도 나에게만 주신 것이 아니라 이미 다른 분들에게
도 여러 번 말씀 하셨구나! 그리고 내가 분명 잘못 들은 것이 아니구
나!'하고 너무 감사하여 가지고간 기도문을 읽으며 새벽마다 더 열심
히 기도했다.

남편이 변화되다

이렇게 열심히 기도를 하다 보니 21일이 지나니까 정말 신기하게도
점점 꿈이 맑아지면서 40일 가까이 되자 승리하는 꿈들을 꾸기 시작
했다.

그리고 1주일에 3일은 회식이라며 술을 마시고 오던 남편의 술 마시는 횟수가 줄어들기 시작하고 주량도 많이 줄어 일찍 귀가하게 되었다. 요즘엔 회식이 있어도 아주 적게 1주일에 한 번 가량만 마실 정도가 되었다. 부끄러운 고백이지만 우리 남편은 11년째 교회를 다니는 집사인데 그야말로 두 주인(하나님과 세상)을 함께 섬기는 지식적으로 믿는 종교인이다.

*신앙(信仰)인: 소망 중에 믿고 바라는 신실한 성도
*종교(宗教)인: 교리를 좇아 습관적으로 따라가는 사람

그러나 나는 우리 남편이 하나님만 사랑하는 사람으로 머지않아 완전히 변화될 것을 확신한다. 왜냐하면 내가 날마다 그렇게 선포하며 기도하니까, 작년까지 성경을 2독하더니 벌써 변화의 모습을 조금씩 보이고 있기 때문이다.

우리 가족기도가 끝난 뒤 시댁식구들과 친정의 형제들을 위해 또다시 40일 작정기도를 하는 중에, '요즘 꿈자리가 너무 시끄러운데 집에 무슨 일이 있느냐?'며 시누이한테서 전화가 왔다.

기도는 내가 하지만 이름을 부르는 대상의 꿈에, 잠재된 악한 영들이 나타난 것이다.

그 많은 사람들을 한 사람 한 사람 이름을 불러가며 번호마다 세 번씩 기도한다는 것이 결코 쉽지 않은 일이다. 그래서 하루는 하나님께 물었다.

"하나님! 꼭 이렇게 세 번씩 해야 하나요?"

"그만한 헌신도 없이 어떻게 그들을 구원하려고 하느냐!?"

생각해 보니 날마다 찾아가 복음을 전하는 것도 아닌데, 그래서 감사하며 기쁨으로 순종했다. 그 결과 어머니가 예수를 믿으시게 되어 작년에 세례도 받으시는 열매를 거두게 하셨다.

물론 그동안 친척들 구원을 위해 꾸준히 간구기도를 하기는 했었지만 별다른 변화를 보이지 않았었다. 그런데 거듭남의 기도가 구원을 속히 이루는 기도라는 것을 알게 되었다.

나는 요즘도 매일 '**거듭남의 기도**'로 가족과 하나님을 안 믿는 형제들을 위해 기도하고 있다. 지금은 시댁과 친정으로 나누어서 형제들 이름을 한꺼번에 불러가며 기도하고 있는데 시누이와 형부의 마음이 많이 열린 상태다.

상담자들이 거듭남의 기도로 응답 받다

내가 이렇게 응답을 받자 상담자들에게 '거듭남의 기도'에 대한 성경적 원리를 설명하고, 이 기도문을 가지고 작정기도를 하도록 권면했다. 나도 돕는 기도를 하면서 지켜보니 대부분 처음에는 짐승이나 구렁이, 뱀, 거머리, 벌레 등이 공격하는 꿈들을 꾸다가, 차츰 물리치는 꿈을 꾸면서 그 크기와 세력이 점점 약해지더니 21일이 지나면 변화를 보이고 대부분 40일이 되면 응답을 받았다.

그러나 조상들이 우상을 열심히 섬겼던 집안들은 120일 정도를 해야 환경에 대한 맑은 꿈을 꾸면서 문제를 해결 받게 되었다.

이전에 상담할 때 작정기도 하라고 하면 실패하던 사람들이 꿈을 통해 변화를 보이니까 신기해하며, 또 기도문을 읽기만 하면 되니까 대부분 끝까지 하게 되어 40가정 이상이 승리를 하였다.

처음에는 준비기간 동안 며칠을 기도할 것인가 하나님께 물어 꿈으로, 또는 말씀 중에, 아니면 마음에 오는 감동으로 기도 일수를 받아서 기도하게 했다. 신기하게도 꿈으로 정확하게 받는 사람들도 있었다. 하지만 날 수에 대한 응답을 못 받는 사람들은 최소한 40일씩 기도하도록 권하였다.

그리고 40일이 끝나면 '감사는 축복의 완성'이기에 감사헌금을 드리고 더 하는 사람들은 또 다시 시작하게 하였다.

40이라는 수의 의미

40이라는 수는 성경에서 마무리의 의미가 있다.

야곱의 시신을 향으로 장사하는데 40일 걸림(창50:3), 모세가 십계명을 받을 때 40일기도(출34:28), 가나안에 정탐꾼을 보낼 때 40일간(민13:25), 이스라엘 민족이 광야생활을 40년 만에 끝맺음(민14:33), 엘리야가 광야 로뎀나무 아래에서 호렙산까지 40일 걸어서 도착(왕상19:8), 요나가 40일 후 니느웨가 무너질 것을 선포(욘3:4), 예수님이 40일 금식하시고 시험받으심(마4:2, 막1:13, 눅4:1), 예수님이 부활 후

40일간 이 땅에 계심.(행1:3)

기도문의 소중함

응답받은 사람이 소개를 하고 그렇게 하여 우리교회 교인뿐 아니라 지구촌 교회, 순복음 교회, 사랑의 교회, 온누리 교회 교인 등등, 이 기도문으로 기도해서 많은 사람들이 응답을 받았다.

한 번은 어느 권사님이 부탁하기에 다른 분한테 전해주시라고 기도문을 드렸는데 하나님이 다시 찾아오라고 하셨다.

어떤 사람이 나한테 성경적 원리를 설명 듣지 않고, 간접적으로 기도문을 전달받아 대수롭지 않게 생각하고 쓰레기통에 버렸다고. 그래서 다시 찾아왔다.

그 뒤로는 반드시 내가 상담을 하고, 꼭 하겠다는 사람에게만 기도문을 주었고, 다른 분들에게 복사해서 주지 말라고 당부했다.

사실 원리를 잘 모르면, 얼핏 기도문만 보았을 때 낯설기도 하고 거부감이 올 수도 있을 것 같다는 생각이 든다.

그러나 하나님께서 내게 주신 것은 기도의 원리와 순서, 내용을 주신 것이지 기도문을 주신 것은 아니다. 마치 하나님께서 성경책을 주신 것이 아니고 말씀을 주셨지만 잊지 않고 잘 지키기 위해 기록하여 책으로 늘 배우는 것처럼, 기도문에 의미를 두기보다 기도 자체가 중요하다고 받아들여야 할 것이다.

처음에는 설마하며 기도를 안 하다가 다른 분이 응답받는 모습을 보고 하는 사람도 있었고, 세 번씩 하기 귀찮아서 한 번씩만 하던 사람은 응답이 늦어져서 다시 작정하고 세 번씩한 사람도 있었다.

그런데 작정기도 끝났다고 '거듭남의 기도'를 안 하니까 사탄이 밖에서 집안으로 들어오거나 공격하는 꿈을 꾸고 난 후, 다시 기도를 시작한 분들도 여럿 있다.

2년 동안 하루도 거르지 않고 번호마다 3번씩 계속하는 권사님 아들은 지금 승승장구 너무 형통하게 잘 풀리고 있다.

문제를 해결 받고나면 가족별로 묶어서 한꺼번에 이름을 넣고 해도 된다.

"기도를 계속하고 기도에 감사함으로 깨어 있으라." (골4:2)

"모든 기도와 간구를 하되 항상(무시로) 성령 안에서 기도하고
이를 위하여 깨어 구하기를 항상 힘쓰며 여러 성도를 위하여
구하라." (엡6:18)

그리고 40일 이상 하다보면 거의 다 외우기 때문에 언제든지 할 수 있어서 좋다.

마치 수학공식을 암기하여 그것에 대입해서 문제를 풀면 아무리 어려운 문제라도 풀 수 있는 것과 같다.

또 몸에 좋은 보약이라도 내가 먹어야 영양섭취가 되어 건강해 지는 것처럼 자신이 어떻게 하느냐에 달려 있다.

말씀이 육신이 되어 우리 가운데 거하시매...(요1:14)

　말씀의 주체이신 주님의 영이 우리 안에 거하시다가 우리가 그의 이름으로 말씀을 선포하거나 명령하면 말씀이 실체가 되어 마침내 행동 하신다.

　그러므로 마귀를 대적하거나 질병치유를 위해 기도할 때 소리내어 "예수 그리스도의 이름으로" 강력하게 명령하고 선포하는 것이 중요하다.

　* 참고
　－ 조상들 죄를 기도 할때 1,2번에 시부모님 성함을 넣고, 친정을 위해서 할때는 친정부모님 성함을 넣어서 하고 3〜6번에는 우리집안으로 하면 된다.
　－ 이 기도를 하다보면 틀림없이 영적공격이 오기 때문에 본인 먼저 한 다음 급한 사람부터 한사람씩 이름을 넣어서 한다.
　－ 번호마다 3번씩 6번까지 하루에 한번만 하고 시간은 일정하지 않아도 되며 작정일수까지 거르지 않고 계속하면 된다.
　－ 기도를 중간쯤 하다보면 악한 영들이 떠날때 최후의 발악을 하느라 상태가 더 악화되는듯 하지만 그럴때 낙심하지 말고 오히려 감사하며 더 강력하게 더 많이 하면 반드시 승리하게 되어 있다.

　다음은 거듭남의 기도로 응답받은 사례들을 그분들이 직접 간증한 내용들이다.

'거듭남의 기도' 응답들

놀라운 기도응답

아들 결혼식을 준비하는 단계에서 하나님을 믿지 않는 가정의 딸과 결혼식 날을 잡는 것부터 삐걱삐걱 하였으며, 고교 1학년 때 세례까지 받은 아들이 게임회사에 다니면서 교회를 안 나가는 중 이런 문제가 생기니 참으로 힘들었다.

결혼 후 28년 만에 남편이 스스로 교회에 등록하여 믿음으로 하나 되어 감사했는데 이제 아들이 마음을 아프게 했다.

믿음 있는 며느리 맞기를 기도했으나 아들의 선택이라 어쩔 수 없이 했지만 첫 달부터 내 맘을 몹시 상하게 해서 혼란스러웠다.

그런 나의 심정을 김 봉화 권사님과 상담하였고, '거듭남의 기도'에 대해 성경적 원리를 설명 들을 때 맞는다고 생각하며 기도하면 문제를 해결 받으리라는 확신을 갖게 되었다.

그래서 정말 열심히 최선을 다해 **120일** 기도하면서 모든 문제를 하나하나 해결 받았다.

2009년 12월 1일부터 40일 1차 작정기도를 시작했는데 그 전날 밤부터 사탄 꿈을 꾸기 시작했다.

7일째는 유리집 안에 무당의 채색 옷을 입은 아주 뚱뚱한 귀신 셋이 밀납 인형처럼 굳어 있었고 13일에는 10대 불량 청소년들이 많이 온 것을 좇아 보낸 꿈을 꾸었다.

21일, 그동안 손이 잘 꼬부라지지 않는 증세, **부신**에 이상이 있어서 정기검진을 다녔었는데 약도 먹지 않고 기도문 3번에 '부신의영'을 넣고 기도했더니 의사도 놀라며 이상이 없다고 하였다.

25일에는 남편이 오랜 세월 수없이 끊으려 했으나 끊지 못하던 **담배**를 끊은 지가 21일째라고 하며 신기하게 금단현상도 없다고 하기에 "제가 기도하고 있어서 당연히 그럴 거예요."라고 자신 있게 말했다.

26일, 늘 아픈 마음으로 기도하던 아들에게서 전화가 와 **"엄마 사랑해요. 보고 싶어요. 돈 많이 벌어서 해외여행 보내 드릴게요."** 하는데 아프던 마음이 봄눈 녹듯 사라지고 눈물이 나며 하나님께 감사감사!!

28일, 꿈에 강도 둘이 내게 칼을 들이대며 돈을 내 놓으라고 하는데 꿈속에서도 내가 40만 원이 있었지만 돈이 없다고 잡아떼며 기도해 줄 테니까 이름이 뭐냐고 물었더니 '유 의문'이라고 했다.

그 이야기를 김 권사님한테 전했더니 40만 원은 40일 작정기도 일수며 '유 의문'은 '거짓의 아비' 곧 사탄인데 기도를 방해하려고 했지만 잘 물리쳤다고 했다. 너무 놀라웠다.

38일, **아들**은 게임프로그래머라 늘 영적으로 걸림이 있었는데 **승진**해서 그 일을 안 하게 되어 너무 감사하다.

나는 시어머니의 마음이 아닌 권사의 마음으로 며느리를 사랑하게 되었고 앞으로도 늘 그렇게 할 것이다.

기도를 계속하는 동안 많은 꿈과 함께 문제를 해결 받았다.

특히 막내딸 **위장병, 생리불순**, 예비 사위의 **불면증**을 고침 받고 **그 집안과 얽혔던 문제**도 은혜롭게 풀어주셨다.

큰 딸아이도 직장에서 **승진**하여 자신의 일을 인정받으며 우리가족 모두가 건강하게 신앙생활 잘하고 있다. 아들 내외도 머지않아 하나님 앞으로 나오게 될 것을 나는 확신한다.

그런데 120일 마치고 좀 쉬는 동안 꿈에 사탄이 우리 집 안으로 들어오는 꿈을 꾸게 되어 요즘은 다시 계속하고 있다.

나는 며느리의 친정 조상과 예비사위의 집안 조상들까지 기도하고 있다. 나는 여행을 갈 때도 기도문을 가지고 가서 하고 외워서도 한다.

얼마 전에는 70을 바라보는 나이에 우리 남편이 아주 좋은 조건으로 취직이 되는 기적과 같은 일이 일어났다. 나는 요즘 하나님께 죄송하다. 별로 하는 것도 없는데 기도를 너무 잘 들어 주셔서 하나님의 은혜 감사! 감사! 감사!

이 종여

하나님 감사합니다!

우리 아들은 지난 수년간 하나님의 크신 은혜로 미국 영국에서 유학 잘하고 박사과정 공부하는 중에 결혼을 했습니다.

그런데 상대방과 너무 맞지 않아서 몇 개월 만에 결국 파경에 이르고 말았습니다. 그 상처로 인해 아들은 너무 힘들어 했으며, 귀국하여 2008년 서울대학교 대학원 박사과정에 지원했으나 그마저도 떨어지게 되어 아들은 그야말로 벼랑 끝을 걷고 있는 심정이었습니다.

2009년 11월 서울대학교 대학원에 다시 시험을 치를 무렵 아들은 너무 불안해하며 만약에 또 떨어지면 죽고 싶다고 했습니다. 저는 너무 두려웠고 어찌할 바를 몰라 할 때 이 권사님을 통해 김 권사님 이야기를 듣고 상담을 요청했습니다.

그런데 권사님을 만나기전 기도하다 깜박 졸았는데 누가 '박 권사' 하면서 하얀 종이를 건네주어 받고 깼습니다.

그것이 아마 예수님께서 '거듭남의 기도문'을 주신 것 같습니다.

기도문을 받은 날부터 나는 3번씩 열심히 기도했는데 처음에는 까만 고양이들이 나타나서 내게 달려들고 공격했습니다.

기도를 계속하면서 나는 차츰 꿈에서도 그것들을 물리칠 수 있었고 나중에는 아예 나타나지도 않으며 좋은 꿈을 꾸었습니다.

권사님이 주신 하나님의 말씀을 우리 아들에게 날마다 읽고 기도하도록 했는데 그러면서 아들이 점점 안정을 찾았습니다.

그리고 12월 4일 드디어 대학원에 수많은 경쟁을 뚫고 아들은 합격하게 되었습니다.

그 후 지금까지 나는 하루도 빠짐없이 3번씩 꼬박꼬박 기도를 하고 있는데 우리 아들의 앞길이 형통하게 풀리고 있습니다.

장학금도 많이 받게 하시고 강의, 방송, 번역, 통역 등 계속 일할 기회를 주시며 바쁘게 생활하고 있는데 이번에 졸업시험도 통과 했습니다. 앞으로 교수자리도 주실 줄 믿습니다.

우리 아들은 지금 신앙생활도 잘하고 있으며 소망을 갖고 있는데 민족음악이라는 과목으로 어느 나라에서든지 하나님께 쓰임받길 기도하고 있습니다.

얼마 전에는 요즘처럼 부동산 거래가 어려운 시기에도 하나님 은혜로 집이 매매되어 이사도 잘 했습니다.

우리 아들, 좋은 믿음의 가정을 이룰 수 있도록 인도해 주실 것을 믿고 하나님 은혜에 감사드리며 늘 기도로 도와주시는 김 권사님과 이 권사님께 다시 한 번 감사드립니다.

박 영수

거듭난 나의 삶

어느 날 남편은 사업 자금이 부족해서 집을 담보로 대출을 받아야 하니 인감을 내놓으라고 했다.

평생을 알뜰히 모아 보란 듯이 큰 아파트를 장만하고 공동명의까지 해놓은 나로서는 그때의 기쁨이 얼마나 든든했었는지……,

그러나 몇 개월만 쓰겠다던 은행 대출금은 2008년 경제 불황의 여파로 시간을 거듭할수록 해결의 실마리가 보이지 않는 나락으로 추락하고 있었다. 한순간에 큰 집을 날려 버리고 작은 셋집에 거처를 옮기니 누군들 제 정신이 있었으랴.

혈관성치매에 걸린 시어머니는 맏이라는 이유로 내게 맡겨진 이후 누구하나 시어머니에 대한 관심조차 없는 7남매의 형제자매들 남편과 시어머니에 대한 원망과 미움으로 하루하루가 내겐 지옥과 같은 일상이 반복 되었다.

큰 아파트로 이사 가기 전 권사님의 전도로 교회는 가보았지만 제대로 신앙생활을 하지 않고 있었는데 권사님이 꾸준히 한 달에 한번은 연락해서 만나며 계속 교제는 하고 있었다. 그러기를 5년여, 어려움을 만나자 권사님이 이사 가서 사시는 근처로 이사를 하게 되었다.

그리고 용기를 내어 권사님 집을 찾아가서 마음속의 답답함을 다 털어 놓고 위로를 받았으며 다시 교회에 나가기 시작했다.

권사님과 교제하는 가운데 남편과 시어머니를 사랑까지는 아니지만 긍휼히 여기는 마음이 생기게 되었고 그래서 남편에게 내가 먼저 다가가게 되었다. 그러자 생전 변할 것 같지 않던 남편의 마음이 조금씩 움직이며 변화를 보이기 시작했다.

　그러면서 기도라는 것을 하게 되었는데, 문제는 많아도 어떻게 기도를 해야 하는지 늘 답답한 마음으로 중언부언하기 일쑤였고 이렇게 기도해서 하나님이 내 기도를 들어주실까 하는 마음으로 조급하고 불안했다. 그런 내게 권사님이 권해 주신 "거듭남의 기도"는 부족한 내 기도를 대변할 수 있는 획기적인 돌파구가 되었다. 처음에는 익숙하지 않아 거부감도 있었지만 하나하나 나의 죄에 대한 고백과 회개를 하다 보니 정말 나는 죄인 중에 죄인임을 시인하며 눈물을 펑펑 흘리기도 했다.

　40일 작정기도가 끝날 무렵 어느 날 꿈을 꾸었다.

　친정집에 밭을 개간한다며 불도저로 완전히 뒤집고 있었다.

　밭 한가운데는 큰 고목나무 뿌리가 넓게 박혀 있었는데 내가 밭에 들어가 그 고목나무의 뿌리를 잡아당겼더니 쉽게 뽑혀지고 있었다. 길게 뻗은 나무뿌리는 밭 가운데의 깊숙한 굴속으로 이어졌고 그 굴속에는 아주 큰 멧돼지가 있었다.

　멧돼지를 발견한 순간 그 짐승은 쏜살같이 밖으로 뛰어 나오더니 사람들이 있는 곳을 향해 이리 뛰고 저리 뛰고 난리가 났다. 그러고는 나를 향해 쏜살같이 달려드는 것이 아닌가!

　나는 그 순간 풀쩍 뛰어올라 멧돼지의 등에 올라탔다. 그러고는 손에 들고 있는 부저가락(옛날에 화로의 불을 젓는 기구)으로 멧돼지의 눈을 힘껏 찔렀다. 그랬더니 멧돼지가 외마디 소리를 지르며 꼬꾸라지는 게 아닌가! 너무나 통쾌한 꿈이었다.

눈을 뜨고 나니 꿈속의 장면이 너무 생생하고 현실감 있게 그려졌다. 다윗이 골리앗을 쓰러뜨린 장면이 연상되면서 승리의 기쁨이 내 안에 가득했다.

과연 '**거듭남의 기도**'가 명중기도 이구나! 생각했다

그동안 흙탕물 등 좋지 않은 꿈에서 점점 좋은 꿈으로 바뀌고 있었는데 비로소 승리의 꿈을 꾼 것이다.

그리고 며칠이 지났을까? 경제여파의 위기로 해결의 실마리가 보이지 않던 남편의 사업문제가 해결됐다는 소식이 전해졌다.

많은 것을 잃기는 했어도 그 일로 인해 고통스런 문제의 위기에서 벗어난 것만도 얼마나 감사한가! 그동안의 순간들이 주마등처럼 스쳐가면서 눈물이 한없이 흘러내렸다.

무엇보다 감사한 것은 그 위기로 인해 내가 하나님을 찾게 되었다는 사실이다. "사람의 마음에는 많은 계획이 있어도 여호와의 뜻만이 완전히 서리라" 말씀하셨듯이 욕심으로 인해 추구했던 지난 일들이 얼마나 어리석었는지 참으로 부끄럽다. 남편을 원망하기 이전에 나의 마음속에도 역시 더 많은 것을 추구하며 더 많은 재물을 취하고 싶었던 욕심을 어찌 부인할 수 있으랴!

고난이 내게 유익이란 말씀처럼 고난을 통하여 믿음에 부요할 수 있게 되었고 예수님께서 우리 죄를 담당키 위해 오신 십자가의 은혜를 깨닫게 되었으니 고난을 오히려 감사함으로 받아들일 수 있는 지

금이 참으로 복되다고 생각한다.

그렇게도 교회에 나가는 나를 핍박하던 남편도 이제는 주일이면 당연하게 교회에 가는 사람으로 인식하고 있으며 작년에 세례 받은 날은 사진도 아주 근사하게 찍어 주었다. 그런 남편이 얼마나 고마운지, 지금은 그와 어머니 시댁 형제들 모두를 사랑하는 마음이 생겼다. '**거듭남의 기도**'를 계속하면서 내안의 악한 영들이 떠나니까 그들을 보는 눈이 달라지고 대하는 마음이 변하면서 남편의 태도가 너무 부드러워져 감사하다. 아무리 잘못했어도 절대로 사과할 줄 모르는 자존심의 대가인데, 얼마 전에는 미안하다고 30년 만에 처음으로 사과도 했다. 기적이다.

나는 남편이 머지않아 하나님께 나올 것을 확신하며 기도한다.

그즈음 나는 80세가 넘으신 친정 부모님을 위해서도 '**거듭남의 기도**'를 하고 있었다. 아버지는 5년 전 다리가 불편하여 교회에 나가시게 되었는데 오랜 세월 절에 다니시던 어머니는 아버지로 인해 절에 가시지는 않았지만 절대로 교회엔 갈 수 없다며 고집이 완강하셨다. 그런 어머니께 시골의 목사님께서 성경책을 선물했지만 1년이 넘도록 열어보지도 않았다고 하신다.

그러던 어느 날부터 평소 잘 지내시던 아버지가 주일날만 되면 배가 아프셔서 꼼짝을 못하시게 되는 일이 7주간이나 계속 되었는데 그러자 어머니 마음에 갑자기 '하나님이 내게 벌을 내리시는 게 아닐까?'하는 생각이 번쩍 드셨다고 한다.

그래서 목사님이 선물하신 성경책을 꺼내 읽는데 눈물이 폭포수처럼 쏟아져 엉엉 우시면서도 성경에서 눈을 뗄 수가 없이 얼마나 빨리 읽혀지는지 어떻게 이런 일이 있을 수 있느냐며 전화를 하셨다. 나는 기회는 이때다 하고 '거듭남의 기도문'을 갖다 드리고 계속 기도하시라고 했더니 어머니는 그날 이후 하루도 거르지 않고 아침마다 정성으로 그 기도를 하시고 1달 뒤인 작년 5월부터 교회에 나가셨는데 처음에 교회에 가셨을 때 예수님의 형상을 보셨다고 하신다.

그날 이후 두 분은 건강하게 잘 지내시다가 며칠 전 어머니는 몸이 좀 불편하셔서 병원에 가셨단다. 처방에 따라 링거를 맞으려고 기다리는데 간호사가 몇 차례 주사 바늘을 찔렀지만 혈관이 너무 약해서 아무래도 안 되겠다며 그냥 갔다고 한다.

그때 성령의 불이 어머니의 손등에서 떠나지 않는 모습을 신기하게 바라보고 있는데 간호사가 다시 오면서 정확하게 그 자리에 실수 없이 주사를 놓더란다. 간호사는 안도의 숨을 쉬면서 할머니는 혈관이 약해서 옆에 계신 분보다 수액이 천천히 들어가야 하니 시간이 훨씬 많이 걸릴 거라고 했단다.

절반쯤 들어갔을 때, 언제 다 들어가나 하고 링거 병을 쳐다보니 하얀 옷을 입은 천사가 링거 수액을 계속 쓸어내리는 모습이 어머니의 눈에 보이더란다. 어머니는 너무 놀라워서 눈물을 흘리며 '지금 이 순간에도 나를 도와주는 분이 하나님이시구나!'하며 감사의 기도를 드렸다고 하셨다.

그리고 어머니는 옆에 분보다 먼저 링거를 다 맞자 간호사가 놀라워했고, 거뜬한 몸으로 집에 돌아오셨다고 하신다.

나는 이 말씀을 듣고 혹시 어머니가 비정상이 아닌가 싶어 권사님께 물었더니, 어머니는 영안이 열린 아주 귀한 남다른 은사를 받으신 분이라고 감사하라고 하셨다.

새벽기도를 나가실 수 없는 어머니는 새벽 5시면 어김없이 일어나 거듭남의 기도를 하신단다. 하루도 빠짐없이 하셨더니 얼마 전에는 꿈속에서 시꺼먼 옷을 입은 사람들이 어머니 앞에서 절을 하며 떠나갔단다. 요즘 어머니는 그렇게 아파서 고통스러워하시던 팔도 전혀 아프지 않으시고 건강한 모습으로 성령의 동행하심을 체험하고 계신다.

성령의 검

40일 작정기도를 3번을 마치고 난후 남편과 어머니를 모시고 시골집에 갔다. 이른 저녁을 먹고 남편이 잠깐 나간사이 이 집에서 오랫동안 쌓아온 조상들 죄에 대한 회개의 기도를 드렸다.

그 동안 아프기만 하면 무당을 불러들이던 시어머님이셨으니 마귀들의 소굴이 분명하리라 생각하고 집안 구석구석의 악한 영을 다 쓸어낸다는 생각으로 '거듭남의 기도'를 했다.

그날 밤의 꿈은 그동안 쌓아온 **'거듭남의 기도'**가 엄청난 영적전쟁을 이겨내는 '**성령의 검**'이라는 것을 확증할 수 있었다.

회색 저고리가 보였는데 거기에 주렁주렁 철사의 고리들이 달려 있
었다. 큰 무당이 작은 무당을 불러들였다. 작은 무당이 저고리의 고리
들이 왜 끊어져 있느냐며 찾아내야 하는데 빨리 알아내라고 재촉하지
만 아무도 알 수가 없었다. 큰무당이 그러면 노랑저고리를 먼저 태워
서 제를 올릴 테니 나에게 절을 하라는 것이다. 나는 절대로 우상에게
절할 수 없다며 "예수 그리스도 이름으로 명하노니 마귀는 떠나갈 찌
어다." 지르는 소리와 함께 잠에서 깨어났다.

너무나 초라하고 보잘것없는, 기도조차 제대로 하지 못하던 나였
다. 그런 내게 '**거듭남의 기도**'는 정말로 나를 거듭나게 했고 짧은 시
간 내에 우리 가정의 힘들고 어려운 모든 문제를 해결할 수 있게 해주
었다.

나의 기도에 응답하신 하나님!!

이 모든 것을 속히 이루어 주신 하나님! 정말 감사합니다.

이 ○ ○

벼랑 끝에서 만난 하나님

작년(2010) 8월이다. 수년 만에 친구를 만나 풀리지 않는 생활 속의
문제와 여러 가지 고민들을 나누었고 그 친구의 삶을 통한 하나님의

특별하신 은혜와 간증을 들을 수 있었다.

친구가 참 많이 영적으로 달라졌음을 느꼈다.

그리고 친구는 성경적 원리를 설명하며 조상들이 지은 죄에 대한 회개와 '**거듭남의 기도**'를 하면 삶에 변화가 분명 있을 거라며 기도문을 전해주었고 그렇게 하기로 약속했다.

나는 9살 때부터 우리 집에서 혼자 신앙생활 했었고 엄마는 나중에 내가 20일 작정기도 마치고 다음날부터 예수를 믿으셨다.

사실 그동안 힘들고 어려울 때마다 작정기도, 매일 새벽기도, 금식기도하며 하나님께만 매달렸는데 왜 이리도 일들이 풀리지 않는 것인지 날마다 얼마나 절망하는지 모른다.

그러고 보니 영적인 부분에 있어서 내가 참 모르는 것 같았다.

9월1일부터 기도문을 읽으며 기도하였고 친정의 조상과 어머니 남편 그리고 남편의 조상들이 지은 죄를 회개하기 시작했다.

친정어머니에게 기도문을 복사해 드리고 함께 기도하였다.

우상숭배와 그 밖의 수많은 죄들... 우리 가정 안에 어두운 세력들을 향해 예수님 이름으로 소멸되기를 강력하게 기도했다.

그리고 <u>일주일</u> 쯤 되었을까?

어느 날 마음속에 갑자기 "모든 것을 내게 맡겨라"하는 생각이 들었다. 이상하다고 느껴졌지만 내 생각인지 혹 주님이 주시는 마음인지 분간하지 못했다. 그것은 지나가는 바람결 속에 들리는 소리 같기도 해서 알 수가 없었다.

어떤 꿈이나 계시, 환상이나 그런 성령의 특별한 체험이 없었기에 이상한 느낌이라고 친구에게 말할 뿐이었다.

친구는, 내 의지와 상관없이 들렸고 그 음성을 들을 때 평안했으면 분명 성령의음성이라고 했다.

나중에 그것이 하나님이 주시는 세미한 음성임을 알게 되었다.

<u>기도한지 2주째</u>, 갑자기 남편이 화장실에 갔다 오더니 피가 많이 나온다며 느낌이 안 좋다고 병원에 가봐야겠다고 했다. 평상시 치질이 있어서 가볍게 생각했지만 같이 병원에 가서 내시경으로 검사를 하기로 하고, 대기실에서 TV화면으로 남편의 대장검사를 지켜보고 있었는데 남편의 장사진을 보니 두렵고 떨려서 볼 수가 없었다. 장 속이 너무 복잡하고 내시경이 잘 통과하지 못하고 어느 부분은 검게 보였는데 몹시 두려웠다. 불길한 생각이 들었고 보고 싶지가 않았다. 30분 이내에 끝나는 검사는 45분이 되어서야 끝이 났고 떨리는 마음으로 의사의 소견을 들었다. 왜 이런 상태로 놔두었는지 예후가 안 좋다며 수술을 할 수 있다면 희망은 있는 것이라며 조직검사를 한 후 보자고 했다. 순간 죽을 수도 있겠구나! 라고 생각하니 앞이 캄캄하고 머릿속은 하얗게 되는 것 같았다. 아무 생각이 나지 않았다. 사형선고 받은 사람처럼 멍멍한 느낌 그런 기분이었다.

지금까지 우리 가정은 광야 같은 고난의 연속이었는데 아직도 더 겪어야 할 시련이 남아 있다니 그리고 그것이 암이라니...

'어떻게 하지?' 온갖 걱정이 머리를 스치고 지나갔다.

힘들 때마다 낭떠러지에 서 있다고 생각했는데 이번에는 뒤로 물러날 수도 앞으로 갈 수도 없는 홍해 바다였다.

남편은 침착 하려고 애썼지만 나는 슬픔이 파도처럼 밀려와 주체할 수가 없이 혼란스러웠다. 결혼생활 30년 가까이 행복하다고 느낀 적이 없었다. 경제적으로, 남편의 성격문제로 얼마나 힘들었는지 모른다. 그래서 미운 남편이었는데 막상 암에 걸리고 나니 그래도 남편 없이는 혼자서 이 세상을 살 자신이 없었다. 생전 처음으로 울면서 죽지 말라고 애원했다.

나는 친구에게 전화로 이 사실을 말했다. 친구는 걱정하지 말라며 그동안 숨어있던 흑암의 정체가 그 기도를 통해 드러난 것이니까 모든 것이 잘될 테니 확신 속에 더 열심히 기도하라고 했다. 그리고 성경 말씀을 주었다.

"너희를 향한 나의 생각을 내가 아나니 평안이요 재앙이 아니니라 너희에게 미래와 희망을 주는 것이니라." (렘29:11)

검사결과를 기다리는 일주일의 시간은 너무도 길고 무섭고 초조한 시간이었다. 추석 하루 전날 의사로부터 직접 전화를 받았다. 걱정하던 대로 대장암이니 큰 병원에 가라고 했다. 유명한 대학병원으로 가기에는 시간, 돈, 교통 등 우리에게는 너무 무리여서 하루빨리 수술을 할 수 있는, 집에서 가까운 분당의 C병원을 선택했다. 막다른 골목 같은 상황에서 인간이 할 수 있는 일이라고는 아무것도 없었다. 오직 기도뿐 이었다.

　기도한지 21일, 우리는 금식기도원을 가기로 했다. 남편은 기도원
가기 전 용서를 받을 사람이 두 사람 있다고 했는데, 6년 전 교회를 떠
나면서 목사님과 사모님 마음을 너무 아프게 한 것과 사업상 남편에
게 많은 피해를 줌으로 원수로 생각한 사람에게 용서를 받고 싶다며
전화로 용서를 빌었다. 가장 나약할 때 사람은 가장 착해지나보다. 어
쩌면 그동안 남편의 불같은 성격과 혈기와 스트레스가 암을 만들지
않았나 생각을 한다. 기름진 음식을 좋아하는 것도 있지만, 인간관계
에서 오는 수많은 스트레스와 불편함이 암을 자라게 했을 것 같았다.
　추석 전날 쏟아지는 세찬 빗줄기 속에 여전도사님은 우리를 기도원
까지 차로 데려다 주었고, 7년 전 자신의 상황과 똑같지만 금식기도
에도 불구하고 남편은 췌장암으로 세상을 떠났다고 하며 위로해주었
다. 남편은 의사의 지시대로 금식을 하지 않았고 나는 3일 금식을 하
기로 했다. 힘들 때마다 수없이 찾아 온 기도원이었는데 이렇게 죽느
냐 사느냐 하는 절박한 기도로 찾아오게 될 줄은 정말 몰랐다.

　"환란 날에 나를 부르라 내가 너를 건지리니 내가 너를 영화롭게 하
리라."(시편 50:15) "두려워 말라 놀라지 말라 나는 네 하나님이 됨이
라 내가 너를 굳세게 하리라 참으로 너를 도와주리라 참으로 나의 의
로운 오른손으로 너를 붙들리라." (이사야41:10) 문자로 계속 위로해
주시는 어떤 장로님이 고마웠다.

첫째 날 기도할 때 뭔가 터질 것 같다면서 만약 쓰러지면 목사님을 급히 부르라며 갈급한 심령으로 기도하던 남편은 이튿날 하나님을 만나는 특별한 체험을 했다.

방언과 함께 '네가 내 영광을 가로 막았다'는 분명 음성이지만 소리는 들리지 않았고, 그림처럼 보여 주셨는데 예수님 보다 먼저 앞서가는 교만한 자신의 모습을 보고 주체할 수 없는 회개의 눈물이 흘러 예배를 드리다 밖에 나가 한참을 펑펑 울었다고 한다. 교회봉사를 하면서 사람들로부터 칭찬을 받고 교만했던 일이 떠올랐는데 그것은 바로 하나님이 받아야 할 영광이었던 것이다.

굽힐 줄 몰랐던 고집, 판단, 정죄, 비판 등 그것이 얼마나 큰 죄였는지 비로소 자신의 모습을 정확하게 볼 수 있었던 것이다.

남편의 얼굴은 그 뒤로 은혜 받은 기쁨으로 가득 넘쳤다. 한 번도 살아계신 하나님을 체험할 수 없었는데 이젠 누구에게도 자랑스럽게 간증할 수 있으니 얼마나 기쁜 일인지...

그래서 '남편이 죽지 않겠구나!'하는 평안한 마음이 들었다.

이런 일이 내가 그동안 남편을 위해 대신 회개의 기도를 한 결과인 것 같다. 나는 기도원에서도 계속 거듭남의 기도를 했다.

그리고 며칠 후에 병원에 가서 정밀검사를 받게 되었으며 밖에서 기다리는 동안 병에 관한 위로의 말씀을 읽는데 왜 그렇게 눈물이 쏟아지는지 주체할 수가 없었다. 그리고 주일 예배를 드리면서 찬송가 20장을 불렀는데 잊을 수가 없다.

"큰 영광중에 계신 주 나 찬송 합니다 영원히 계신 주 이름 나 찬송 합니다."를 4절까지 부르면서 가사 하나하나가 감동을 주었고 흐르는 눈물을 주체할 수 없을 정도로 눈물의 찬송을 부르기는 처음이었다.

일주일후 떨리는 가슴으로 검사결과를 들었다."다행입니다 전이가 안 되었네요 2기입니다."자세한 것은 수술해봐야 정확히 알 수 있다 며 수술날짜를 바로 잡아주었고 병실에 있는 동안 기쁨으로 가득 찬 전혀 환자 같지 않은 환한 얼굴의 남편, 그리고 아무도 없는 새벽 갑 자기 수술시간이 변경되어 첫 시간에 수술을 받게 되었을 때 두려워 하는 남편에게 맑은 테너 목소리로 찬양이 들려왔다고 한다.

"여호와는 나의 목자시니 내게 부족함이 없으리로다……,"

수술실에 들어가서도 2번이나 같은 찬양으로 위로를 해주셨던 하나 님! 그 놀라운 체험은 평생 우리에게 간증이 될 것이다.

많은 사람들이 그렇듯 이렇게 가장 어렵고 힘든 벼랑 끝에서 하나 님을 만날 수 있게 된 것이며 그 사랑을 받고 있다는 것에 큰 위로와 기쁨이 되었다.

할렐루야! 수술 후 경과가 좋아 같은 병실에 있는 환자가 부러워 할 정도였으며 또 많은 사람이 문병을 와주었고 보험이 하나도 없어 병 원비 걱정을 많이 했는데 하나님은 그런 염려까지 아시고 넘치도록 물질도 채워주셨으며 하나님의 시간에 정확하게 수술을 받게 하셨던 것이다.

이 모든 일이 '**거듭남의 기도**'로 40일 기도하는 중에 다 일어난 것이다.

2010년부터 정부에서 암환자들에게 5%만 부담할 수 있도록 만든 정책이 우리에게는 너무 큰 혜택을 받은 셈이다. 만약 그전에 알았다면 우리는 암 치료할 능력이 전혀 없어 큰 빚을 지거나 절망으로 죽었을지도 모르겠다. 대장암은 보통 10년이 걸린다고 하는데 그동안 의료공단에서 2년마다 실시하는 건강검진도 그렇게 싫다고 잘 받지 않다가 2년 전에 처음으로 받았는데 대장 내시경은 받지 않았었다. 차라리 그때 발견하지 않은 것이 다행이다. 생각해보니 절묘한 시간을 아시고 도우시는 하나님의 은혜였던 것이다. 흑암의 권세가 죽음으로 우리를 파멸시킬지라도 사단의 세력을 물리치는 강력한 기도는 사람을 살리고 삶을 변화시키는 놀라운 능력이었던 것이다.

남편은 22일 만에 퇴원했으며, 지금은 항암치료를 잘 받고 있다.

또 감사한 것은 방사선 담당교수님의 특진비가 남편이 치료가 끝나는 바로 다음날 3월부터 적용되니 얼마나 감사한 일인지 우리를 위해 계산기를 두드리는 것 같다. 그리고 갑자기 가장이 실직하거나 병으로 어려움을 당한 가정에게 정부에서 시행하는 '무한 돌봄'이란 제도가 있는 것을 알게 하셔서 신청하자 담당자가 방문하고 서류를 심사한 후 4인 가족 생활비를 통장으로 보내주었다. 앞으로 2~3번 받을 수 있게 되었으니 그것도 감사하다. 이 모든 것이 우리에게 베푸신 하나님의 은혜이며, 지금까지 남편의 암 치료는 거의 돈이 들지 않고 치료를 받고 있는 셈이다.

새벽마다 눈물로 부르짖었던 엄마와 나의 간절한 기도에 하나님은 이렇게 놀라운 방법으로 응답하셨던 것이다.

엄마도 하루에 2번 기도문을 읽고 5개월을 기도했는데 이제는 됐겠지 하고 기도를 멈추자, 다음날 이상한 꿈을 꾸었다고 한다.

웅달샘에 물을 길러갔더니 아주 커다랗고 시커먼 구렁이가 물 속에서 머리와 꼬리는 보이지 않은 채 몸통만 보였는데 무서운 느낌이 들지 않았다고 한다.

그래서 어두운 사단의 세력이 완전히 사라진 것이 아니구나! 하고 중단했던 기도를 계속하고 계신다.

나는 아버지와 두 남동생을 잃은 가족의 슬픔을 겪었다.

이제 보니 이런 일들이 대물림으로 내려오는 영적 공격이었다는 생각이 든다.

이런 기막힌 웅덩이에서 건져주신 하나님!

죽음에서 생명으로 인도하신 하나님!

우리의 형편을 아시고 세밀하게 필요를 채워주시는 하나님!

살면서 때론 불평하고 원망하고 좌절했던 수많았던 시간들이 있었지만 이제는 더 이상 불평하지 않겠다고 다짐한다.

잘라내야 할 더러운 부분을 깨끗하게 한 후 온전케 함으로 마침내 복을 주시려는 아버지 하나님의 마음이라는 것을 알게 된 것이다. 그리고 그동안 얼마나 인생을 낭비하며 시간을 허비했는지 삶의 밑바닥에 가서야 깨닫게 된 것이다. 이제 앞으로 남은 인생은 하나님이 주신 제 2의 인생으로 봉사하며 헌신하는 삶이되기 위해 기도한다. 사람을 의지하는 것의 어리석음을 알았고 오직 하나님만이 영원히 변치 않는 사랑으로 죽는 순간까지 인도하시는 분이신 것을 알았기 때문이다.

기도로 성공하고 싶다. 그리고 영적싸움을 위해서도 쉬지 않고 끊임없이 기도해야 한다는 것, 기도는 사람을 변화시키고 삶을 변화시키는 가장 위대하고 강력한 힘이라는 것을 알았다.

이제 우리 부부의 남은 삶, 건강한 모습으로 하나님과 사람 앞에 인정받고 하나님을 기쁘시게 하는 것이 받은 은혜와 사랑에 보답하는 일이라는 것을 깨달았다.

*4월 22일 검사결과가 깨끗이 나와 6개월에 한 번씩만 가서 검사하면 된다. 할렐루야 하나님 감사합니다! 하나님 사랑합니다!

가장 힘든 시기에 친구를 만나게 하시고 능력의 기도문을 전달받게 하셔서 승리하게 하신 하나님 감사! 감사! 감사!

친구에게도 고맙고 그 사역위에 하나님이 함께하시길 기도합니다.

유 ○ ○

새롭게 알게 된 하나님!

연약하고 허물 많고 부족한 딸 "최 현 숙"집사입니다.

제 삶의 주인이 되신 주님의 손길!

놀라운 은혜! 나의 나됨은 하나님의 은혜라!

삶의 태도를 긍정으로 덧입혀 주심에 감사드립니다.

알람소리에 기도로 시작하는 하루

'하나님! 감사합니다. 주께 더~가까이 나아가, 주님께 영광 돌리는 삶으로 인도하시고, 만족하게 하소서……!

저는 오랜 시간동안 신앙생활을 하였음에도 불구하고, 주님 모습은 성경말씀 속에서만 존재하는 타성에 젖어, 선데이 크리스천으로 당당했고, 세상의 편리함 속에 서 있었습니다.

그런 저에게 김 봉화 권사님을 구역장, 부족한 저를 권찰로 붙여주셔서 변화 받게 해주셨습니다.

신앙생활에 있어서 어린아이와 같은 저에게 그녀의 적극적인 믿음. "믿고 기도한 것은 받은 줄로 아는 것"이 처음에는 신비주의처럼 보여, 아주 어색하고 불편하게 느꼈었습니다. 특히 환자를 위해 기도하고 적용할 때, 병원 가는 것은 유보한 뒤, 우선 기도 먼저하고 전적으로 주님께 맡기시는 방법이 비이성적으로 보여, 속으로 판단하고 거리를 두었습니다.

그런데 그녀가 건강하게 사는 모습과, 5년여의 긴 시간을 함께하는 동안 연로하신 구역식구들을 진심으로 가족같이 섬기며, 준비된 교육 자질을 가지고 사랑의 구역으로 이끌어 가심에 감동이 되어, 구역예배가 기다려지게 됐으며 저의 신앙성장에 큰 도움을 받았습니다.

특히 저에게는 중보기도 요청 우선순위 "기도 짱 권사님! 하나님의 대사"로 각인되어, 어려움을 만날 때마다 기도 요청을 하고 위로를 받고 있어 너무 감사하고 힘이 됩니다.

2008년 8월, 구역예배를 끝내고 권사님이 기도하시는 중에 주님의 은혜로 방언의 은사를 받았습니다.

2009년 2월, 즉흥적인 조기퇴직을 선택했을 때에도 권사님과 상담, 기도부탁 등을 통해 합력하여 선을 이루게 해주셨답니다.

2010년 8월, 딸의 뮌헨치대 합격에도 미리 응답을 주셨습니다. 7월 중순 쯤 예림이 합격을 위해 기도부탁을 드렸더니 그때 21일 금식기도 기간 중이시라며, 금식을 위해 기도를 부탁하는데 처음에는 너무 놀랐습니다. 내 상식으로는 도저히 이해가 안 되었지만 기도하는 중에 성령님께서 감동을 주셨습니다.

일주일 쯤 지나 연락하자 기도 중에 응답받았으니 '예림이 뮌헨대 합격시켜 주셔서 감사합니다.'라고 분명하게 써서 감사헌금 드리라고 권면해 주시 길래 감사하는 마음으로 순종했습니다.

삶의 고비 고비마다 주님이 함께 하심을 체험하게 이끌어 주는 분입니다. 아이처럼 필요할 때만 막연하게 확신 없이 드리던 기도를, 꾸준하게 습관적으로 드리게 만들어 주신 제 신앙의 롤 모델이십니다.

작년에 "거듭남의 기도문"을 주셨지만 솔직히 그동안에 잘 하지 않았었는데 얼마 전부터 해야겠다는 생각이 들어, 제 삶의 파수꾼처럼 하루를 마무리할 때 사용하고 은혜 받고 있습니다.

특히 멀리 있는 딸을 위해 내가 돌봐줄 수 없기에 이 기도문을 가지고 기도하다 보면 천군 천사가 지켜 주는 모습이 상상되며 든든하고 힘이 생깁니다.

작년 8월의 성품도서 "하나님의 대사"에 수록된 내용이 2~3년 전에 권사님께 들었던 이야기들 부류인 것에 큰 감동이었습니다.

귀한 분 만나게 해주신 하나님! 정말 감사합니다.

부족한 저의 기도를 언제나 들어주시는 하나님! 사랑합니다.

최 ○ ○

관계의 축복

내가 김 권사님을 처음만난 때는 11년 전 나의 신앙이 어릴 때였다. 예배를 위해 교회를 오고 갈 때 또 교회에서 권사님을 만나면 항상 따뜻하게 대해 주셨다. 권사님은 우리가족의 안부도 물으시고 아이를 위해 기도도 해주셨다. 그 때마다 나는 권사님의 뭔가 다른 그 어떤 점에 끌리고 있었다.

지금에 와서 보면 그것은 하나님이 함께하시는 하나님의 임재였는데 그때로서는 그저 권사님의 따뜻한 돌봄, 성경적 지식, 인품, 삶에서 우러나오는 인격으로만 느꼈었다.

그때 난 주님이 확실히 계시다는 것과 주님의 나에 대한 사랑은 가슴으로 느끼지만 성경을 잘 알지 못했던 터라 주님에 대해 막연했던 때이다.

그 무렵 모 방송사에서 어떤 종교인이 자기 아이가 희귀병에 걸렸음에도 인간적인 치료는 중단한 채 기도로만 아이를 고치기 위해 매달리고 있는 것을 고발하려고 방영한 프로그램을 본 적이 있었다. 그 내용을 보면서 나는 저들의 믿음이 믿지 않는 자들에게 광적으로 비쳐지는 것과, 과연 믿는 자가 어떻게 하는 것이 옳은 것일까를 생각하고 있었다.

그래서 나중에 김 권사님에게 그 내용에 대해 물었다.

권사님은 의사도 하나님이 세우셨기 때문에 인간적인 방법으로 할 수 있을 때는 그렇게 하시고 인간적으로 치료할 수 없을 때는 본인 믿음에 의해 친히 고치신다고 말씀해 주셨다.

그러자 비로소 혼란스러움이 정리가 되었다.

나는 그때 몸이 좀 약해서 오랫동안 둘째아이를 기다리고 있었고 권사님께 기도부탁을 드렸었다.

수요예배가 끝나고 집으로 돌아오는 길에 권사님을 만났을 때 하나님이 내게 주신 처방을 말씀해주시며 열심히 하면서 감사기도도 많이 하라고 권면해주셨다.

나는 그 때 감사기도를 많이 하는 것이 어떻게 하는 것인지도 모른 채 권사님의 그 권면에 반신반의하며 가르쳐주신 처방을 힘써하지도 않았다. 그러는 동안 두 달 정도가 지나고 가을이 되어 권사님을 만났을 때 잘하고 있느냐 물으시며 올해 안에 아기를 주실 것 같다고 더 많이 감사기도 하라고 하셨다.

중보기도 모임의 많은 분들이 기도가 응답되어 기쁘고 감사해 중보기도 식구들을 식사의 자리에 초대하였는데 나는 김 권사님과 대화를 나누게 되었다.

"나도 나의 기도가 응답되어 둘째 아이가 생긴다면 하나님께 헌금을 드리고 싶다"고 말했다. 그 때 권사님은 "감사헌금은 받은 줄로 믿고 미리 드리는 것"이라고 말씀해 주셨다.

나는 그 다음날 새벽기도에 헌금을 준비해 올렸다. 그리고 기도를 막 시작할 때 갑자기 가슴에 벅찬 감동이 밀려와 주체할 수 없는 울음을 터트렸다. 이성으로는 제어할 수 없는 나에게는 신기한 체험이었다. 집에 돌아와 믿는 친구에게 전화해 이런 경험이 있었는지 물었는데 친구는 모르겠다고 했다. 그 때 갑자기 내 입에서 "아, 나 생각났어! **내가 너를 이미 축복했노라**"라고 전혀 뜻밖의 말을 했다. 이 말도 내가 한 것 같지 않은 이상한 느낌이었다.

그 날 새벽 벅찬 감동과 함께 그 음성이 어렴풋이 들렸던 것이다.

다음날 새벽기도 때 권사님을 만나 성전 안으로 들어가기 전 나에게 있었던 일을 말씀드리고 하나님께서 뭐라고 말씀하시는지 물어봐 달라고 부탁했다.

권사님은 기도를 마치고 나오시면서 하나님의 말씀을 전해주셨다. **"너의 정성을 내가 이미 받았노라"** 이 내용은 내가 받은 말씀과 일치되는 내용이었다. 정말 놀라웠다!

하나님과 하나하나 묻고 하나님의 음성을 듣는 것이 어떻게 가능할까? 경이로움 그 자체였다.

성경에서 모세가 했던 것처럼 정말 성경에서 일어난 일들이 실제로 우리 삶의 현장에서 그대로 일어날 수 있구나! 하나님의 말씀이 우리 삶과 동떨어진 것이 아니라 오히려 그 반대로 정확히 일치한다는 것을 조금씩, 조금씩 알아가게 되었다.

드디어 둘째아이가 생겼다는 것을 12월 27일날 확인하고 우리 부부는 뛸 듯이 기뻐하며 하나님께 감사기도를 드렸다.

정말 하나님이 올해 안으로 아기를 주실 거라는 권사님의 말씀도 맞아떨어졌다.

둘째아이를 낳고 십 년이라는 세월이 흘렀다.

그동안 하나님을 경험하는 많은 일들이 있었지만 나에게 신선한 경험은 한 자매님을 만나게 되어 그 자매님과 그 가정을 위해, 우리 가정의 문제를 놓고 둘이서 날마다 작정기도를 드리고 있을 때였다. 2년 전 너무나 힘들고 어려운 상황 속에 처해있는 그 자매님을 돕고 싶은 마음에서, 나 또한 갈급함으로 예배를 드린 지 열흘 정도 지났을 때 권사님으로부터 갑자기 전화가 왔다.

권사님은 하나님께서 "그 딸이 지금 급하니 빨리 가보라"고 말씀하셔서 우리 집에 오신다는 것이었다. 나는 그 때 이사를 조금 멀리간지 몇 년이 지나 다른 교회를 섬기고 있을 때였다. 권사님은 그 자매님과 예배드리는 걸 모르고 오셔서 예배를 드려주셨다.

성령께서 친히 이끄시는 기도를 해주시고 또 하나님이 나에게 주신 말씀, 너무나 은혜로웠다.

하나님의 임재 그것은 눈으로 볼 수 없는 주님을 경험하는 말로 형언하기 어려운 은혜로움 그 자체이다.

자매님이 왔을 때 권사님은 그 자리에서 주시는 하나님의 말씀과 위로의 기도를 해주셨다.

그 자매님에게도, 나에게도 너무나 귀한 경험의 시간이었다.

무엇보다도 주님이 나에게 또 그 자매님에게 주시는 매세지가 우리가 처한 상황, 우리가 바라는 소원과 일치하는 응답의 매세지라는 것이 큰 위로였고 특별함이었다.

그 자매님은 그날 눈물의 위로와 함께 큰 힘을 얻었고 그 뒤 얼마 안 돼서 놀라운 하나님의 방법으로 문제를 해결 받았다.

권사님과 통화하며 삶을 나눌 때 '**거듭남의 기도**'를 하나님께 물어서 하나님이 가르쳐 주신 기도라고 하시며 그 기도를 할 것을 권유받았다. 큰 아이와 항상 모든 면에 부딪쳐 늘 힘들었던 터라 40일 작정 거듭남의 기도를 드렸다.

기도를 마치고 눈에 보이지는 않지만 뭔가 놀라운 일이 큰 아이에게 일어난 것을 느꼈다. 큰 아이는 화가 덜 난다고도 하고 순종적으로 변하였다. 무엇보다 같이 있을 때 아무런 말을 하지 않아도 공감대가 형성되는 것 같은 그런 느낌!, 그건 정말로 우리 가정에 큰 산이 가로막혀 있다가 그것이 부서진 것 같은 그런 느낌이다. 어제의 하늘과 오늘의 하늘이 같은 하늘이지만 다른 세상이 된 것 같은 그런 느낌! 우리 가정에 놀라운 변화이다.

40일을 가족을 위해 자녀를 위해, 이웃을 위해 우리가 알지 못하고 보지 못했던 조상들의 죄까지 다 회개하고 죄로부터 속박된 악의 권세를 끊고, 악한 영들의 이름을 하나하나 불러가며 예수의 이름으로 쫓고 주님의 보혈로 덮어주시기를 간구하고 성령님의 도움으로 이미 온전한 예수님의 사람이 된 것을 선포하고 하나님의 천사들을 초청하여 동행하시므로 성령과 믿음의 사람으로 지켜달라고 간구의 기도를 세 번씩 이름을 불러가며 기도한다는 것은 생각보다 쉽지 않았다.

그러나 하나님은 사랑하는 사람에게 영·혼·육의 구원을 위해 그것 조차 할 수 없느냐고 물으셨다는 권사님의 말씀을 듣고 그렇구나! 한 영혼을 사랑하는 마음과 헌신이 없으면 기도할 수 없다는 것을 알게 되었다. 지금도 '거듭남의 기도'는 계속하고 있다. 결단하기는 쉽지 않으나 기도의 효과는 놀랍다. 우리가 하는 어떤 간구의 기도보다 파워가 있음을 알게 되었다.

작년 여름에는 권사님과 전화통화를 하는 중에 권사님이 21일 온전 금식을 하신다고 말씀하셨다. 이런저런 삶의 문제를 상담하며 권사님에게 기도를 부탁드렸다. 집을 사고 싶은데 빚지지 않고 집을 사고 싶은 것이 나의 막연한 소원이었다. 그로부터 얼마 뒤 집을 사게 되었는데 가지고 있는 돈을 다 모아 작은 집을 샀다. 뜻밖으로 돈이 채워져 정확하게 빚 없이 집을 사게 되었다.

이것도 내게는 기적과 같은 일이다.

나는 크고 작은 문제들을 가지고 하나님께 나아가 기도했는데 하나님은 그런 나의 어린신앙도 예쁘게 보시고 응답해 주신다. 나를 향한 하나님의 그 사랑과 관심과 역사하심을 권사님을 통하여 나의 눈높이에 맞춰 하나하나 일깨워 가시는 하나님의 지극하심을 느끼게 된다. **이제는 나의 문제만이 하나님께 나아가는 통로가 아니라, 내 마음**

을 담아 내 삶 전체를 드리는 단계로 나아가고 싶다.

날마다 깨어 기도하며 모든 것을 주님께 묻고 응답받으시며 주님의 사랑을 전해주는 전달자, 축복의 통로가 되시는 김 권사님의 삶은 우리 신앙인의 좋은 본보기이다.

나의 신앙의 여정에 김 권사님을 만나게 하심은 큰 위로이고 축복임을 알고 주님께 깊이 감사를 드립니다.

하나님! 감사합니다.

선○○

변화되는 우리 가정

어느 날 내 삶의 짐이 너무 무겁게 느껴지고 해결책은 없어 보여 가슴이 답답하였다. 김 권사님과 그런 삶을 나누었고 '거듭남의 기도'에 관한 성경적 원리와 함께 자세한 설명을 들었으며 기도문을 받게 되었다.

기도를 시작하기에 앞서 "하나님, 우리 가정을 위해 며칠을 작정하고 기도할까요?"라고 여쭤보니 마음속에 60일이라는 생각이 들었다. 일단 권사님으로부터 기도문을 받기는 하였지만 과연 이 기도문에 무슨 능력이 있을까 하는 의심으로 하루에 세 번씩 기도하라는 권사님의 권유에도 불구하고 마지못해 하루에 한 번 기도문을 읽으며 기도하기를 1달쯤 했을 때였다.

그런데 그 기도문을 가지고 하루에 번호마다 세 번씩 꼬박꼬박 기도한 사람들의 응답받은 간증이 여기저기서 들려오기 시작했다.

그러한 변화들이 나에게도 도전이 되어 '그래, 나도 오늘부터 정식으로 번호마다 세 번씩 기도해보자'하고 마음을 정하게 되었고 꾸준히 기도하였다. 그렇게 1주일쯤 기도했을 때 꿈을 꾸었다.

내가 산을 오르려고 보니까 벌써 몇 사람이 앞에 올라가고 나는 부지런히 따라가야 되는 상황인데, 앞에 커다란 고목나무로 만든 오뚝이 비슷한 우상이 가로막고 있어서 옆으로 밀치고 가려는데 살아있는 눈이 나를 똑바로 쳐다보았다. 그래서 나는 다시 가서 옆으로 쓰러트리고 산을 올랐다.

그 뒤로 황소 꿈, 물고기 꿈도 꾸고 여러 가지 복잡한 꿈들을 꾸기 시작했다. 우리 남편도 한 1주일 했을 때 꿈에 구렁이와 뱀을 보았다고 했다. 그러면서 서서히 집안의 분위기가 따뜻하게 바뀌는 것이 느껴졌다. 기도를 통해 하나님께서 나의 마음에 주시는 감동을 느끼기도 하였지만 때로는 규칙적으로 반복해서 해야 하는 기도가 힘들고 하기 싫을 때도 있었다.

그렇지만 사탄이 못하도록 방해하는 것으로 알고 계속 '거듭남의 기도'를 60일 가까이 했을 때 놀라운 일이 일어났다.

나는 평소 아들에 대해 아픈 마음을 많이 가지고 있었다. 아들이 어렸을 때 조금 더 가르치고 지지해 주었더라면 지금 보다 더 나은 환경에서 자기가 하고 싶어 하는 일을 선택하지 않았을까 하는 아쉬움과 미안함이 늘 마음 한구석에 자리 잡고 있었다.

요리사가 되겠다는 아들을 지지했지만, 일을 마치고 돌아온 아들의 물집 나고 거칠어진 손을 바라보며 늘 마음 아팠었다.

그런 아들이 하루는 늦은 밤에 퇴근하고 돌아와 내 옆에 앉더니 "엄마, 나 공부해서 공무원 시험을 봐야겠어."라고 말했다.

아들은 그동안 자기가 꿈꿔왔던 모습이 있었지만 현실에서 바라보니 자신이 정말 원하던 모습은 아니었다고 하며 마음 속 이야기를 했다. 그러면서 지금까지 자신을 억누르고 있었던 마음 속 장애 실패와 좌절, 열등감에 대해서 이야기를 토해냈다.

평소 자신의 속마음을 잘 표현하지 않던 아들의 이런 말들을 들으며 마음 깊은 곳의 감정이 북받쳐 올라와 아들과 나는 함께 울었다. 몇 시간을 이야기 했을까? 나는 "그래, 해보자. 너는 할 수 있어!"라고 용기를 주며 아들을 격려하였다.

그 다음 달부터 아들은 달라진 모습으로 학원을 다니며 열심히 공부하고 있다. 하나님께서 반드시 합격시켜 주실 것을 나는 믿는다. 아들이 행복해하며 자신감 있어 보여 내가 더없이 기쁘다.

'**거듭남의 기도**'를 하는 나의 정성에 비해 이런 변화는 너무나도 놀라운 일이었다. 그 이후로 나는 '**거듭남의 기도**'에 대한 능력을 믿기 시작했다. 그래서 지금까지도 계속적으로 우리 조상들로부터 내려오던 죄와 우리 가족 한 사람 한 사람을 위해, 또 시댁, 친정 형제들을 위해 '거듭남의 기도'를 매일하며 믿음과 소망의 마음으로 살고 있다. 아마 200일 정도 기도를 했을 때 우리 아들이 이런 말을 했다. "어제 우연히 인터넷에서 어떤 청년이 쓴 글을 읽었는데, 어머니가 돌아가셔서 이제는 효도를 하고 싶어도 할 수 없는 안타까운 심정과 어머니에 대한 그리움을 적어 놓은 글을 보고, 아하! 어머니가 언제나 내 곁에 계시는 게 아니구나! 그럼 나는 엄마가 너무 좋은데 엄마를 위해 지금 내가 할 수 있는 일, 가장 기뻐하시는 일이 무엇일까 생각해보니 내가 교회가는 것이라고 생각되어 이번 주부터 교회에 잘 다닐 거야."라고 했다.

사실 우리 아들은 초등학교 때까지는 교회를 잘 다녔지만 그 이후에 여러 가지 이유로 믿음생활을 하지 않고 있었다. 그래서 그것이 늘 기도제목이었는데 이런 일이 있을 줄이야! 그리고 아들은 그 주부터 정말 스스로 예배를 잘 드리고 있다.

아들과 함께 예배를 드리면서 얼마나 행복한지……!

지금은 나 때문에 교회에 나왔지만 앞으로는 하나님이 좋아서 기쁨으로 나올 수 있게 도와주시라고 기도했다.

그동안 거듭남의 기도를 통해 아들 마음속에서 방해하던 악한 영들이 떠나고 나니까 선한 생각을 하게 되는 것 같다.

얼마 전에는 꿈을 꾸었는데, 넓은 들판에 아름다운 꽃들이 예쁘게 피어있었고 그 가운데 우리 집이 있었다.

바로 이렇게 변화될 미래의 우리 집을 보여주신 것 같아 너무 감사하고 행복하다.

이렇게 놀라운 방법으로 역사하시는 하나님께 감사드리며, 무엇보다도 귀한 기도를 가르쳐 주셔서 영적으로 어둡고 둔한 제가 흑암의 세력을 이기게 하시니 너무 너무 감사합니다.

늘 힘들고 어려울 때마다 힘과 용기를 주시고 사랑으로 이끌어 주신 하나님 정말 감사합니다! 사랑합니다!

임○○

가정의 소중함

수년 전 새롭게 섬기게 된 교회에서 기도의동역자 만나게 될 수 있기를 기도했다. 꿈속에서 많은 사람들이 웅성거리는 가운데 '김 봉화 권사가 있어야 한다.'고 그들이 말하는 소리를 들었다. 그 말이 주님이 내게 주신 응답인 줄로 알았다.

그는 교회에서 많은 봉사를 하고 있기에 '김 권사가 우리 교회에서 헌신하는 분이구나'라고 생각했다.

권사 야외예배 때 가까이 할 수 있는 기회가 되어 자연스럽게 대화를 할 수 있었는데, 다른 사람들은 세상적인 말로 많은 대화를 하지만 김 권사는 그런 대화 속에서도 어느 틈에 하나님을 만난 시간들에 초점을 맞추어 하나님의 능력을 이야기하곤 했다.

나보다 어린 사람이지만 신앙의 체험이 깊이가 있고 하나님의 사람이라 느껴져 대화를 하면 할수록 기쁘고 즐거웠다.

하나님의 세미한 음성을 듣고 주님과 깊은 교제를 하는 그의 신실한 신앙을 알게 되었고, 김 권사의 하나님에 대한 순종, 헌신, 이웃사랑을 알게 됐을 때 그에게 주시는 은혜가 결코 우연이 아님을 깨달을 수 있었다.

하나님께서 내게도 은혜주실 것을 소망하며 그를 신뢰하고 대화의 시간을 자주 갖다보니, 그와 교제의 시간을 정기적으로 하며 말씀묵상으로 하나님을 더 많이 알아가게 되었다.

'거듭남의 기도'에 대해 성경적 원리를 설명하며 모임 원들에게 권면했을 때 나는 기도하다가 멈추어 버렸던 기억이 있다.

단지 기도문을 읽는 것이지 기도가 아닌 것 같아 계속할 수가 없었고, 성경의 어느 곳이 기도문의 근거라고 설명해도 강하게 반발심이 생겼다. 그것이 사탄의 전략인 걸 나중에 알았지만 ……

그럴 때도 김 권사는 묵묵히 사랑의 마음으로 내가 받아들일 수 있도록 안타까워하며 기도하는 마음이 내게 전해졌다.

하나님의 사랑을 지식으로만 전하는 것이 아니라, 그 사랑을 받아들일 수 있도록 마음을 열어주려는 노력과 기도가 얼마나 소중한지를 깨닫게 되는 순간이었다.

겸손히 하나님을 사랑하는 마음으로 잠잠히 이웃을 사랑하며 기도

하는 그 마음을 주님께서 귀히 보시는 것 같다.

'거듭남의 기도' 의 능력

사랑하는 아들의 결혼이 내게는 큰 기쁨이고 설렘이었는데 1년이 조금 안돼서부터 이상한 기류가 느껴졌다.

우리 집에까지 와서 말다툼하는 것을 보며, 신혼 때는 서로를 알기 위해 종종 싸움도 하리라 생각했지만 심각함을 알게 되었다.

김 권사와 의논했더니, 사탄이 신혼부부의 가정을 목표물로 파괴시키려고 한다며 함께 40일 작정 '거듭남의 기도'를 하자고 했다. 나는 다급하기에 기도할 수밖에 없었다.

시댁 조상들의 죄, 며느리 조상들의 죄, 아들과 며느리, 남편과 나와 딸 각자를 위해 정말 열심히 기도했다.

나는 우리가정 기도의 파수꾼인데 그 역할을 제대로 못해 그런 것 같아 회개하며 사탄의 공격을 이길 주님의 능력을 간구했다.

'내 아들 가정이 깨어지는 것을 하나님은 원치 않으신다.'는 확신 속에 며느리를 사랑하며 축복한다는 선포기도를 계속했다.

작정기도를 마치고 또 다시 시작해서 하고 있을 때, 그들 속에서 분리시키려 했던 사탄의 권세는 점점 떠나가고, 성령님의 역사하심으로 두 사람 마음을 하나 되게 묶어주셨다.

서로에게 등 돌렸던 마음을 막다른 곳에서 다시 상대를 향하도록 이끌어주신 것이다. 김 권사가 이야기했던 대로 하나님이 회복시켜 주셨다. 지금 아들 내외는 새로운 장막으로 이사해서 재미있게 잘 살고 있다.

서로 아끼고 사랑하는 모습을 보면서 사탄에게 휘둘려 미워하고 싸우고 했던 때가 언제였나 하는 마음이 든다.

나는 며느리에게 사랑의 표현을 자주 해주고, 가르쳐야 할 부분은 주님께 지혜를 구한 후에 사랑의 마음으로 말하자, 며느리가 변하며 내게 안겨 들어오는 것을 느끼게 되었다.

지금도 아들 부부를 위해 거듭남의 기도를 한다. "서로 사랑하고 믿음으로 하나 되며, 정직한 십일조를 드리고, 가정예배를 통해 영적으로 성숙한, 주님께 인정받는 자녀들로 거듭난 것을 예수 그리스도의 이름으로 선포하고 축복 하노라."

며칠 전에는 커다란 황소가 죽은 모습과 바퀴벌레를 내가 신나게 잡은 꿈을 꾸어서 얼마나 기분이 좋은지 모르겠다.

기도하게 하신 하나님께 승리의 보고서를 드리게 되어 기쁘다.

커다란 접시를 소중히 간직하고 깨끗이 닦아 그 위에 사랑으로 음식을 담아 맛있게 먹고, 믿음으로 주님의 자녀 된 기쁨을 만끽합니다. 그리고 주님을 사랑한다고 가만히 고백합니다.

이 커다란 접시는 주님이 주신 가정입니다. 깨지지 않도록 소중히 간직하며 반짝반짝 닦아야 할 우리의 가정입니다.

힘과 능력되신 하나님! 기뻐하시는 길로 인도하심을 감사드립니다.

함께 기도해주신 권사님들 사랑하고 축복합니다.

이 ○○

생명의 주관자 되시는 하나님!

나는 조상신 섬김이 철저했던 친정에서 자라, 대학에서는 불교 동아리활동을 하고 그 후에도 절 주변을 맴돌며 불교인이나 가끔 무속인을 찾는 우상 숭배자였다.

결혼 후 아이가 생기지 않아, 2년쯤 돼서부터 유명하다는 불임 클리닉에 다니기 시작했는데, 몇 번 시술이 잘못되어 결국 양쪽 난소의 일부분을 절개하고 말았다.

그러던 중에 정작 기다리던 나만 빼고 윗동서, 아랫동서, 시누이까지 한꺼번에 임신이 되었다. 시댁식구와의 만남은 더욱 힘겨웠고 남편과도 힘들어졌다.

그때 가끔 이웃에 사는 교인이 예수님을 전하고 교회가기를 권했지만, 완강하게 뿌리치고 냉담하게 대하며 또다시 무속인에게 찾아가 부탁했는데 임신이 되었다. 그러나 2개월째에 계류유산이 되었다. 내 속에 갈등이 커져갈 즈음 한 꿈을 꾸었다.

어두운 이층 좁은 계단위에 내가 서 있고 1층 계단 입구에 한 사람이 나타났다. 그 뒤에는 빛이 밝게 비치고 있어서 그 앞모습은 어두워 보이지 않고 형체만 보인다. 그 순간 내가 무릎을 꿇고 엎어지며 머리위로 손을 모으고 "잘못했어요. 예수님!"하고 소리 지르며 잠에서 깼다.

그렇게 해서 교회가기로 결단하고 처음 나온 곳이 구미교회이다. 스스로 나왔지만 신실한 믿음의 동역자들을 붙여주셔서 중보기도 모임에도 참석하게 되었다.

김 봉화 권사님은 그 때 아파트 같은 라인에 사시는, 성경을 15독이나 하신 까마득한 분인데 햇병아리 신자인 저를 여러 면으로 잘 이끌어 주셨다. 교회 다닌 지 1년쯤 되어 교통사고가 났는데 그때의 후유증으로 머리가 1년 이상 아팠었다. 병원을 다녀도 소용없던 것을 권사님을 통해 고쳐주셨다.

그런데 신앙생활 한지 2년 쯤 되었을 때 영적인 공격이 심하게 오기 시작했다. 한 번은 소파에 앉아있는 내게 덤벼드는 표범 같은 검은 개도 환영으로 보았으며 남편도 등 뒤에서 귀신의 기척을 느끼기도 하였다.

그럴 때 주기도문을 외워 물리치려는데 완성되지 않고 계속 반복된 적도 있었다. 중보기도 팀이 오셔서 기도해 주시고, 태문도 열어달라고 간절히 기도해주셨다.

어느 날 아침 김 권사님이 상기된 얼굴로 오셔서 "며칠 전부터 하나님이 처방을 위해 기도하라고 하셔서 기도했는데, 그게 자기를 위해서였어. 오늘 미경 씨를 위해 처방을 주셨어."라며 흥분된 채 말씀하셨다.

그 말을 듣는 나는 믿음이 약해서 권사님은 믿지만 '정말인가?'

반신반의하며 한 1주일은 안하다가 권사님이 확인하시 길래 안한다고 했더니, "내가 처방을 준 것이 아니라 하나님이 주신 것이니까 순종하라."고 하셔서 그 뒤부터 잘 하였다.

그 후 3주가 채 안 돼 임신이 되었다. 몸으로 느껴졌다.

마음이 편하고 너무나 소중하여 한동안 이야기 하지 않았는데 권사님이 꿈을 꾸었다며 물어 오신다.

"임신 했어요" 2001년 7월, 결혼 한지 9년만의 일이다.

하나님의 사람에게 꿈으로 보여주셔서, 하나님이 자녀를 주시고 생명을 주관하시며 지금도 살아서 역사하시는 분이심을 확증해 주시는 순간이다.

남편도 임신한 사실이 기쁘고 신기해 같이 교회에 가기 시작했다.

권사님의 권면으로 세례도 받았다. 너무 너무 감사하다.

출산을 위해 나는 40일 새벽기도를 하고 37세 노산의 초산인데, 의사들의 만류에도 불구하고 하나님의 은혜로 순산하였다.

남편을 닮은 아들인데, 세상을 다 얻은 기분이었다.

그 뒤 4개월 만에 남편의 미국유학 관계로 출국하여 약 7년간 외롭고 힘든 생활을 하며 자신과 싸워야 했다. 믿음이 채 다져지지 않은 상태에서 홀로서기를 한다는 게 얼마나 어렵던지, 그럴 때마다 전화로 권사님과 삶을 나누며 위로를 얻곤 하였다.

미국에 간지 얼마 안 되어 친정아버지가 돌아가시고, 나는 갑상선암 수술도 받고 많은 일들이 있었다.

미국에서 둘째 아들을 선물로 얻고 재작년에 귀국했는데, 영적전쟁은 한국에 와서도 계속 되었다. 억제하기 힘든 분노가 치솟고, 아들이 답답하게 느껴지며, 남편이 미워서 말도하기 싫었다.

그럴 때마다 권사님은 나의 친절한 상담자가 되어, 몇 번이나 오셔서 내 이야기를 다 들어주시고 기도해 주셨다. 다급한 경우에는 전화로도 기도해 주신다.

그리고 작년에 '거듭남의 기도문'을 주셨는데 그 기도를 하면서부터 무엇인가 내 속에서 빠져 나가는 느낌을 받았다.

수많은 꿈들을 꾸었는데 신기하게도 꿈이 점점 맑아졌다. 그리고

차츰 안정이 되며 남편에 대한 마음이 이해하는 쪽으로 바뀌면서 내가 먼저 사랑한다는 고백을 하자 남편도 예민하게 반응하던 태도에서 협조적으로 변하였다.

큰 아들이 악몽을 잘 꾸었는데 꿈이 바뀌고, 친구들과의 관계와 한국생활의 적응이 차츰 좋아져서 금년에는 부반장을 맡았다.

무엇보다도 친정어머니가 작년부터 자신과 오빠들을 위해 거듭남의 기도를 계속 하고 계신다는 것이 기적이다. 아직도 종갓집 맏며느리라 제사를 지내고 계시지만 그렇게 하다보면 언젠가는 반드시 예수를 믿게 되시리라 생각한다.

나는 그동안 '거듭남의 기도'를 쉰 적도 있었는데 그럴 때면 불화가 생겨 그다음부터 세 번씩 꼬박꼬박 못할 때도 있지만 꾸준히 하고 있다. 시댁식구들과 친정식구들, 우리 가족들을 위해 기도하는 것이 결코 쉬운 일은 아니지만 그 기도의 능력을 알다보니 안 할 수가 없다.

그리고 내가 여러 집사님들을 소개해주어, 꾸준히 한 사람들은 응답을 받았다. 또 미국에 있는 집사님은 전화로 상담을 하고 우편으로 기도문을 보내주기도 했다.

아직도 싸움은 계속되지만 정체를 알았기에 빨리 종결된다.

이 모든 것이 하나님의 은혜입니다. 감사합니다.

'거듭남의 기도'를 통해 많은 가정들이 소생되기를 바랍니다.

김○○

놀라우신 하나님 은혜!

불신가정에서 교회 다니는 남편을 만나 그저 가고 싶을 때만 교회에 가는 엉터리신자로 살고 있을 때였습니다.

물질의 축복을 너무 많이 받아 돈을 물처럼 쓰며 육체의 정욕, 안목의 정욕, 이생의 자랑으로 남편은 점점 교만에 빠져들었답니다.

나는 그런 남편을 바라보며 '하나님. 우리 집에 있는 모든 물질들 10원도 남기지 말고 싹 거두어가세요.'라고 기도를 드렸습니다.

얼마 안 되어 궁궐 같은 90평 빌라에서, 보증금 천만 원을 친구에게 빌려 월세 30만원, 지하로 이사하여 극과 극을 달리는 삶이되고 말았답니다.

그러나 믿음도 없던 내가 무엇이 그리도 기쁜지 감사만 외쳤습니다. 아무것도 없으니 남편이 교만해지지 못할 거란 생각에 감사했었죠. 남들이 볼 때는 조금도 희망이 없어 보이는 우리 가정에 하나님께서는 1년 만에 10억이라는 거금으로 재기의 축복을 주셨습니다.

그런데 점쟁이한테 가서 돼지 잡아 굿을 하며 그야말로 두 주인을 섬기는 죄를 지었답니다.

그렇게 남편의 교만은 다시 살아나 하나님 없는 기복적인 종교인으로 살고 있을 때, 뇌종양이라는 청천벽력 같은 판정을 받게 되었습니다.

그런 남편을 위해, 나는 평소에 믿음이 신실하며 어려운 이웃을 잘 도와주는, 그래서 내가 좋아하는 김 봉화 권사님의 권면으로 중보기도회에 참석하게 되었고, 그곳에서 영적 어머니를 만나게 되었죠. 기도도 못하던 내가 기도의 중보자들을 만나 신앙을 성장시키도록 도와주셨습니다.

나는 남편과 함께 하나님 은혜로 성령을 받고 거듭났으며, 남편도 치유를 받았답니다. 그리고 영적으로 조금씩 변화되기 시작하였습니다.

이전에 큰 아들에게 "넌 예수 믿으면 목사 된다니까 절대로 교회 가지 말라."고 했던 엄청난 일을 어찌할 줄 몰라 새벽기도에 가서 통곡하며 회개하였답니다.

그러던 중 큰 아들이 2009년 급성A형 간염으로 입원을 하게 되었고, 2010년에는 손가락이 마비되는 '컴퓨터증후군'이란 병명으로 두 대학병원에서 수술해야 한다는 결과가 나왔습니다.

아들은 두려운 마음에 수술하지 않고 낫기를 간절히 원했죠.

그래서 남편의 뇌종양도 치유해주신 하나님께 간절히 매달리기로 하였습니다. 평소 영적 멘토로 의지하던 김 권사님께 기도부탁 했더니 '거듭남의 기도'로 작정기도 하라고 하셨습니다.

사실 난 그 기도문을 작년 가을 쯤 받아서 며칠 했는데 꿈에 여자 귀신들이 나타나서 물었더니, 숨어있던 어둠의 정체가 드러난 것이라며 계속하라고 했지만 하기 싫어서 그만두었었답니다.

그러나 다급하니까 2010년 12월 14일부터 40일 작정 '거듭남의 기도'를 시작하고 올 1월 22일에 마쳤는데, 다음날 아들에게서 문자가 왔습니다. "엄마 성경책 샀어요. 제가 쉽게 이해할 수 있는 주석이 있는 것으로 샀어요." 이게 웬 은혜인가요? 그리고 손가락도 부기가 빠지고 깨끗이 나았다고 연락이 왔구요. 나 때문에 절대로 예수 믿지 않을 것 같았던 아들이 '거듭남의 기도'를 통해 성령님께서 예수 믿게 하시고 손가락도 깨끗이 치유시켜 주시니 얼마나 감사한 일인지! 진작 기도했더라면 덜 고생시켰을 텐데 하는 후회가 됩니다.

나는 이제 친정식구들 구원을 위해 우리가족들 각자를 위해 기도문을 직장에까지 가지고 다니며 시간 나는 대로 열심히 기도하고 있습니다. 그런데 친정식구들 위해 기도할 땐 소름끼칠 정도로 벌레가 덕지덕지 붙은 것을 손으로 떼어내는 꿈을 꾸었습니다.

정말 놀라운 능력의 기도입니다.

부하게도 하시고 가난하게도 하시는 하나님! 정말 감사합니다.

모든 병을 치유해 주시는 하나님 진실로 사랑합니다.

여러분도 가정을 위해, 또 자녀들, 남편, 가족 친지들 중 예수 믿지 않는 영혼들을 위해, '거듭남의 기도'를 하셔서 다 구원받고 믿음의 복된 가정들 이루시길 진심으로 권면 드립니다.

*거듭남의 기도 특징: 하기 싫다. (사탄의 전략)

박○○

'거듭남의 기도' 능력

저는 신앙생활 한지 몇 년 되지 않아, 믿음도 부족하고 문제는 많으나 기도도 잘 할 줄 몰랐습니다. 그런 저를 늘 믿음의 길로 이끌어 주시는 이 권사님으로부터 2010년 1월에 '거듭남의 기도'라는 기도문을 받았습니다.

'하나님의 자녀로 택함 받은 우리가 그렇지 않은 사람들의 삶과 같은 모양의 이러저러한 고민을 안고 살아간다면 우리의 믿음에 문제가 있지 않겠냐?'시며 하나님께 거듭 회개하고 용서를 빌면 반드시 우리는 구별된 삶을 살 수 있을 것이란 말씀에 공감이 갔습니다.

그러나 막상 기도를 하려니 이러저러한 방해로 인해 기도가 계속되지 못했는데, 어느 날 권사님이 40일 작정기도를 시작하셨다는 얘기를 듣고 저도 다시금 마음을 다잡고 기도시작을 했습니다.

그땐 제가 시골 시댁의 건물공사 관계로 바쁘게 오가고 있는 때라 차안에서도 기도를 게을리 하지 않았습니다. 2010년 1월 29일부터 기도를 시작해 일주일쯤 되는 밤에 꿈을 꾸었습니다.

억새풀이 황금빛을 발하는 어느 산등성이에서 제가 아랍인으로 보이는 골프코치에게 골프레슨을 받는 꿈이었습니다. 그분은 손을 내밀어 악수를 청하며 "잘해보자. 이곳의 넓이는 60미터이며 길이는 2만 보"라고 하더군요. 그런데 그 길이는 아주 깊은 골짜기 같았습니다. 입구도 잘 보이지 않았지만 그 골짜기 또한 보이지 않아 제 생각으로 '이 깊은데 골프공을 어떻게 주워 올리지'하는데 숲속에서 하얀 골프공이 기계에 의해 끌어올려지더군요.

꿈에서 깨어 **60**이란 분명한 숫자의 의미를 생각하지 않을 수 없었습니다. 저는 생각 끝에 40일 작정이 아닌 **60일 즉 2개월의 작정기도**를 결심했습니다.

기도한지 1달 좀 더 지난 어느 날 밤에 또 하나의 이상한 꿈을 꾸었답니다. 아들과 낯선 건물 밖 베란다에서 바다를 보는데 무지개가 떴더군요. 그런데 무지개는 옆 건물에 가려 처음시작 부분만 조금 보였습니다.

이튿날 저는 또 생각을 하게 되었습니다. '완전한 모습이 있는 것이 완전하게 보이지 않을 때는 무슨 의미가 있지 않을까?' 생각하게 되었고 그 모자라는 부분을 기도로 완성시켜 보고 싶었습니다. 그리하여 **제 작정기도는 총 4개월**로 늘어났답니다.

제가 기도하는 동안에 집안에 기쁜 일들이 생겼답니다.

하나님을 믿긴 하면서도 교회를 나가지 않던 아들이 교회를 나가게 되고, 또한 그 좋아하던 담배도 끊게 되었답니다. 며느리가 그러더군요. "어머니 애기아빠. 담배 좀 끊게 해주세요." 저는 자신 있게 대답했지요. "내가 꼭 그렇게 해주마."하고요 저는 며느리와의 약속을 지켰습니다. 아니 제가 지킨 것이 아니라 하나님께서 이루어 주셨지요. 하나님께서는 우리의 기도를 절대 외면하지 않으신다는 걸 마음깊이 느꼈습니다.

기도 4개월 접어들 즈음에 제 남편이 당뇨 약을 타러 병원엘 가는데 가는 김에 위내시경 검사도 한 번 해보고 싶다기에, 저는 "그렇게 하세요."아무 생각 없이 대답했습니다. 병원에 다녀온 남편은 내시경 결과, 위에 염증이 있어 조직검사를 해뒀다며 직장이 지방에 있어 내려갔습니다.

조직검사란 말에 조금 걱정은 되어도 그동안에 특별한 일이 없었기에 크게 걱정은 하지 않았는데 일주일이 지나고 병원에서 연락이 왔습니다.

위암이라고요. 그 순간의 심정은 다 잘 아실 겁니다. 우선 제가 먼저 병원엘 가서 증세파악을 해봤습니다. '하나님 아버지 감사합니다.' 다행이도 초기위암 그것도 정말 발견하기 힘들 정도의 초기였습니다. 위내시경 시술의 일인자가 계신다는 병원을 찾아 다행이도 빠른 시간에 시술을 받을 수 있어서 이 모든 것을 감사하지 않을 수 없었습니다. 수술 일주일 후 퇴원해서 바로 정상인처럼 식사하고 생활할 수 있게 해주신 하나님 아버지의 뜻은 다른 곳에 계셨던 것 같습니다.

제가 평소에 저의 남편이 좋아하는 '술을 교회에 다니면서도 저렇게 못 끊을 거야.'하고 내심 걱정을 했는데, 하나님께서는 조그만 고통을 주시고 저의 그 큰 걱정거리를 깨끗이 씻어주셨습니다.

수술로 인해 술을 완전히 끊었으니까요.

남편이 입원 하루 앞둔 저녁 기도를 하는데 집안 여기저기서 이상한 소리들이 들렸습니다. 그전에도 그런 소리가 조금씩 있긴 했지만 그렇게 음산함을 느낄 수가 없었습니다. 소리가 나는 쪽에 가서 기도를 하면 또 다른 쪽에서 소리가 나고 마치 제 주위를 무엇이 지나 다니는듯한 분위기였습니다.

그날 밤 꿈에 한 날카로운 발톱을 가진 악한 짐승이 빨래건조대 위에서 얼굴도 없이 발톱을 저를 향해 날카롭게 세우고 있었습니다. 저는 긴 막대기를 들고 그 짐승을 때려잡았답니다. 용감하게도 죽은 악마를 막대에 걸쳐들고 나오니 제 딸아이가 '엄마 우리 그거 구워먹자.' 하더군요.

그런데요. 그 딸이 지금 스스로 교회를 나가고 있답니다. 하나님 감사합니다. 그렇게 4개월의 작정기도가 다 끝나갈 무렵 또 한 번의 기이한 꿈을 꾸었습니다.

아주 큰 감나무 3그루가 나란히 서 있는데 그 중간에 있는 나무에는 감이 주렁주렁 열린 반면, 양옆의 나무에는 앙상한 가지만 있었습니다. 감이 많이 열린 그 나무에도 끝가지에 나뭇잎이 몇 잎 달려 있어 제 생각으로 저 나뭇잎을 마저 떨어뜨리고 그 자리에 감이 열리게 했으면 좋겠다는 생각이 들어 다시금 일주일 기도 더해 모두 **4개월 1주일(127일)의 작정기도**를 마치면서 제 스스로가 얼마나 뿌듯하고 대견한지요.

무언가 보이지 않는 마음의 근심이 조금씩 사라져가고 있다는 마음의 평안 같은 것을 느끼고 있답니다. 저의 남편은 지금 건강하게 직장생활하고 계시며 우리가족은 하나님 아버지 자녀로서 거듭 태어났습니다.

앞으로 손자들을 위해서 계속 기도할 계획입니다.

늘 우리의 기도를 들어 주시는 하나님 감사합니다!
부족한 제가 하나님의 은혜를 나타낼 수 있어서 영광입니다

이○○

이 외에도 많은 분들의 응답받은 간증이 있지만 다 싣지 못함을 안타깝게 생각한다.

오랫동안 실직상태였던 자녀의 취업, 이성 관계 문제로 파경 직전의 가정회복, 심한 우울증에서 벗어남, 게임중독을 극복 …….

하나님과의 약속

　나는 소위 세상에서 말하는 일류나 상위층과는 거리가 먼 사람이다. 집안, 학벌, 인물, 키 등등 모든 면에 있어서 지극히 보통 수준을 넘지 못하는, 내세울 만한 것이 하나도 없는 사람이지만 하나님께 받은 은혜는 지극히 많다.

　그래서 나는 그 은혜가 너무나 크고 감사하여 언젠가 기도할 때 '하나님 제가 50살까지만 제 일을 하고 그 후에는 하나님 일만 하며 살겠습니다.' 이렇게 한두 번 정도 기도한 적이 있었다.

　그 무렵 나는 오랫동안 학생들 가르치는 일을 하면서 교회일도 최선을 다해 봉사하고 있었다.

　막상 50살(2004년)이 되자 나는 이렇게 기도하기 시작했다.

　'하나님 우리아들 고등학교 졸업할 때까지만 봐주세요. 지금 우리

형편 잘 아시지요? 3년만 좀 기다려 주세요.'

그때 우리 상황이 평수 큰 아파트 분양받아 가면서 집이 팔리지 않아, 전세를 놓고 부족한 금액을 대출받아 갔기에 이자도 갚아야 하고 경제적으로 내가 일을 계속해야만 하는 형편이었다.

그런데 그해 말경부터 새벽기도를 가면 이런 기도가 자꾸 나왔다.

'하나님 아버지! 제가 하나님을 아주 많이 사랑합니다. 주님이 절 사랑하신 것에 비하면 몇 만 분의 일도 안 되겠지만, 그래도 제가 하나님을 그 누구보다 사랑합니다.'

눈물로 이 고백을 먼저 드리고 난 다음에 기도를 하게 되었다.

하나님께서 내 이름을 불러주시다

나는 새벽기도에 언제나 30분 먼저 가서 기도를 하는데 드디어 51세 되는 1월 어느 날 새벽, 내 주위에 아무도 없을 때 다른 날처럼 앞에 앉아서 기도를 했다.

늘 하는 식으로 사랑한다는 고백을 드렸는데 지금까지는 주님이 나를 부르실 때 "사랑하는 내 딸아!" 이렇게 불러주셨지만 이날 아침에는 비로소 내 이름을 불러 주셨다.

"사랑하는 내 딸 봉화야!"
"예, 주님!"

"네가 나를 사랑하느냐?"

"예, 주님! 제가 주님을 사랑합니다."

"사랑하는 내 딸 봉화야! 네가 나를 사랑 하느냐?"

"예, 주님! 제가 주님을 사랑합니다."

"사랑하는 내 딸 봉화야! 네가 나를 사랑하느냐?"

"예, 주님! 제가 주님 사랑 하는걸 주님이 잘 아시지 않습니까?"

"내 양을 먹이라."

"예!? 주님! 양을 먹이라니 어떻게 하란 말씀인가요?"

"……"

두 번째 내 이름을 불러주셨을 때 이미 내 얼굴에는 눈물이 흘러 범벅이 되어 있었다.

주님이 베드로에게 말씀하시는 내용(요21:15~17)은 처음에 물으시고 "내 어린양을 먹이라" 하시고 두 번째 "내양을 치라" 세 번째 "내 양을 먹이라"고 하셨는데 나한테는 마지막에 "내 양을 먹이라"고만 하셨다. 그리고 어떻게 먹여야 하는지에 대해서는 매일 물어도 1년 동안 아무 응답이 없으셨다.

사명을 찾아서

나는 그때 구역장을 아주 오래하고 있었기에 구역 식구들을 말씀하시는 것이 아니라고 생각되어 나름대로 고민을 하다가, 내가 하는 일이 학생들을 가르치는 일이니까 '불우한 불신가정의 아이들을 무료로 지도하며 그들과 그 가정을 믿음의 길로 이끌기를 원하시는 것이 아닐까!'라고 생각을 하게 되었다.

그래서 가까운 복지관을 찾아가 관장님을 만나 내 뜻을 밝혔더니, 감사하다며 기꺼이 학생들을 모아 주셨는데 중학생 1, 2, 3학년 11명이었다. 그런데 담당 과장님이 말하기를 이곳 아이들이 열등의식 때문에 복지관에서 무료로 지도한다고 하면 절대로 오지 않으니까 방문지도를 해야 한다고 일러주었다.

정말로 시간표를 짜기 위해 전화를 해보니 모두 엄마들이 신청 한 것이었고, 아이들은 전부 거절을 하며 어떤 학생은 내 사정에 못 이겨 만나기로 약속은 했지만 나타나질 않았다.

결손가정의 아이들이 많아 집에 부모들이 대부분 없는 상태로, 방과 후에 아이들은 그야말로 방치된 상태였다.

한 가정은 쌍둥이가 있었는데 엄마가 아이들이 집에 있을 시간을 가르쳐줘서 방문하게 되었다.

그들이 자존심 상할까봐, 회비는 동사무소에서 나오는 것이라고 둘이 함께하면 좋겠다고 해보자고 사정을 해도 싫다고 거절하기에, 그럼 한 달만 해보고 결정하라고 설득을 해도 막무가내로 거부하였다.

나는 한 달만 하면 이들을 바꾸어 놓을 자신이 있었기 때문이다.

이들을 보며 내가 느낀 것은 "무릇 있는 자는 받아 넉넉하게 되되 없는 자는 그 있는 것도 빼앗기리라."(마13:12)는 말씀이 정말로 맞구나! 하는 것이었다.

한 아이를 가르치다

그런데 한 아이만 그 엄마가, 얼마 전 담임선생님이 면담을 요청해서 학교에 갔더니, '지금 이 상태로 계속 간다면 어떤 고등학교도 입학이 불가능하다며 신경을 써야한다.'고 해서, 그때부터 기도하기 시작했는데 하나님이 응답 주셨다고 너무 기뻐하였다.

중3 남학생인데 주요과목의 기초실력이 너무 부족해서 어떻게 지도해야 할지 난감하였다. 무엇보다도 어릴 때부터 몸이 약했고 어려운 환경에서 오는 눌림 때문에 자신감이 전혀 없었다.

나는 일주일에 3번씩 가서 지도를 했는데 일단 자신감을 키우는 것이 최우선이라는 생각이 들어 악수하는 법부터 가르쳤다.

자신감을 키워주다

사회생활을 하는데 있어서 가장 중요한 것이 대인관계인데 첫 만남에서 좋은 인상을 심어주는 것이 중요하다. 처음 만나는 사람과 악수를 할 때, 그의 눈을 바라보고 힘 있게 하며 이름을 반드시 기억했다가, 나중에 만났을 때 이름을 부르면서 진심어린 인사를 한다면, 그 사람에게 관심을 갖고 있다는 표현이므로 자신의 이름을 기억해주는 사람을 누구나 좋아하게 되어 있다.

또한 정직하고 성실하게 약속을 반드시 지키며 당당하게 산다면 자산 중에 제일 중요한 신용을 얻기 마련이다.

이런 사귐이 지속되다 보면, 관계가 돈독해지고 신의를 인정받게 되어, 만약 어려움을 만났을 때 도움을 받기도 하는 것이다.

사람들은 대부분 자신감 있는 사람을 좋아하며 그를 신뢰하게 되어 있는데, 자신감은 스스로의 생각을 긍정적으로 바꾸고 키워가기에 달려있다.

이렇게 내 나름대로의 이론을 설명하고 먼저 자신감 키우는 훈련을 하였다.

그 아이가 악수를 할 때, 처음에는 마지못해 하는 것처럼 아주 살짝 힘없이 손끝을 잡고 구부정하게 서서 고개를 돌린 채 목례만 까딱하였다.

그래서 눈을 마주보고 악수를 제대로 할 때가지 반복해서 했더니 나중에는 자신감 있게 하였다.

그리고 언제든지 등을 곧게 펴서 당당하게 자세를 취하도록 지도하며 칭찬을 아끼지 않고 계속 격려하였더니 점차 의욕을 보이기 시작했다. 또 '책을 가까이 하는 습관'을 기르기 위해『긍정의 힘』,『다니엘 학습법』등 책도 갖다 주면서 읽도록 하였다.

한 3개월 지났을 때 학습 진보 상을 받아왔다며 그 엄마가 상장을 냉장고에 붙여놨다가 나를 보여 주면서 너무 좋아하는데 나도 기뻤다.

그 아이가 대학에 가다

이렇게 그 아이를 8개월 간 지도한 결과 일반계 고등학교에 당당하게 입학하였다. 어느 날 그 엄마가 전화를 해서 그 아이가 고등학교 입학한 후에 얼마나 자신감 있게 다니는지 담임선생님이 반장을 하라고 하셨다며 울먹이면서 자랑을 했다.

그 후 4년째 되는 스승의 날 그 아이에게서 직접 전화가 왔는데 '아세아 연합 신학대학'에 입학하여 다닌다며 "선생님. 고맙습니다."라고 했을 때 지금까지 살아오면서 가장 보람 있는 일을 한 것 같아 가슴이 뿌듯했다. 그 엄마가 가끔 전화를 하는데 지금은 군대에 갔다고 한다.

이렇게 해서 나는 결국 불신가정의 자녀들은 한 명도 가르치지 못하고 52세(2006년) 1년을 보냈다.

하나님께 사명을 받다

그리고 이듬해 1월 첫째 주 어느 날, 새벽기도를 할 때 여느 날과 다르게 감동이 밀려오면서 또 사랑의 고백을 드리게 되었다. 그런 뒤 2년 전에 내 이름을 불러주시며 말씀하시던 그 질문을 그대로 하셨다.

"사랑하는 내 딸 봉화야!"
"예, 주님!"

"네가 나를 사랑하느냐?"
"예, 주님! 제가 주님을 사랑합니다."

"사랑하는 내 딸 봉화야! 네가 나를 사랑하느냐?"
"예, 주님! 제가 주님을 사랑합니다."

"사랑하는 내 딸 봉화야! 네가 나를 사랑하느냐?"
"예, 주님! 제가 주님 사랑 하는걸 주님이 잘 아시지 않습니까?"

"내 양을 먹이라!"
"어떻게 먹일까요?"

"말씀으로 먹이라!"
"그럼 저 더러 신학을 하란 말씀이세요?"

"하루에 3시간씩 3년을 기도하라!"

그리고는 또 말씀이 없으셨다. 그래서 나는 하루에 오전 오후로 나누어 3시간씩 계속 기도하면서 신학교마다 놓고 기도를 했지만 응답이 없으셨다.

그리고 넌지시 남편에게 내가 신학을 하는 것에 대해서 물어 보았다. 남편은 일언지하에 거절하며 다시는 말도 꺼내지 못하게 하였다. 그래도 나는 날마다 내가 신학을 하는 것이 하나님 뜻이라면 자연스럽게 갈 수 있도록 남편의 마음도 바꾸어 주시고 학교도 친히 인도해 주시라고 계속 기도를 했다.

일을 그만 두게 하시다

그런데 5월초 중간고사를 마치고나자, 내 목이 점점 아파오더니 목소리가 나오질 않아 수업을 간신히 할 정도로 힘들어져 병원에 가서 검사를 했다.

검사결과 왼쪽 목 갑상선에 9밀리 정도 되는 혹이 있는데 세포(조직) 검사를 하니까, 악성은 아니지만 계속 자라는 것이라 6개월 후에 검사해서 더 커졌으면 수술을 해야 한다고 했다. 함께 간 남편이 일을 이제 그만두라고 하여 5월 말까지 정리하고 기도원에 가서 3일 금식을 하며 매달렸다.

그때부터 중보기도와 말씀묵상, 찬양, 구역 돌보기, 상담에만 전념하였다.

그리고 8개월 만에 가서 검사를 받았는데, 1년에 2밀리씩 자라던 혹이 아주 경미하지만 오히려 줄었다고 했다. 그래서 지금은 '고쳐 주셨겠지!' 하는 믿음으로 검사도 받지 않고 있다.

WLI를 알게 되다.

나는 그 무렵 성령님의 능력 행하심에 대한 책들을 많이 읽게 하셔서, 정말 재미있게 사모하는 마음으로 여러 권을 읽고 있었다. 그런데 김 우현 감독이 쓴 '부흥의 여정'이라는 책을 읽었을 때 뒷부분에 WLI에 대한 소개가 나와 있는데 눈에 확 들어오면서 가슴에 딱 꽂혔다.

그래서 하나님께 물었다.

"하나님! 이 학교에 제가 가길 원하시나요?"
"내가 너를 위해 예비한 학교 이니라!"

그때가 2007년 겨울이었는데 아래와 같이 소개되어 있었다.

WLI(Wagner Leadership Institute)는 전통적인 신학교의 교육 방식과는 완전히 다른 패러다임 위에 세워진 훈련기관으로서 세계 각국에서 하나님께 놀랍게 쓰임 받는 사역자들을 초청, 그들이 가진 최신 정보를 나눌 뿐 아니라 그들이 갖고 있는 성령의 기름부음을 전수(impartation)하도록 하는데 역점을 두고 있다.

지금 치유사역자로 귀한 사역을 감당하고 계신 손 기철 장로님도 이 학교를 2007년도에 졸업하셨다는 사실을 나는 지난달에 어떤 선교사님을 통해 알게 되었다.

와그너 박사님을 처음으로 알게 되다

그 때 나는 피터 와그너 박사님에 대해 알게 된지 얼마 되지 않아서였다. 조 용기 목사님의 책 『4차원의 영성』을 읽는데 와그너 박사님의 소개가 첫 장에 나와 있었다.

그 내용을 읽고 나는 상상도 하지 못했던 일들이 실제 일어나고 있다는 사실에 충격을 받았다.

그 전문을 적어 본다.

5) "믿음은 바라는 것들의 실상이요 보지 못하는 것들의 증거니 선진들이 이로써 증거를 얻었느니라. 믿음으로 모든 세계가 하나님의 말씀으로 지어진 줄을 우리가 아나니 보이는 것은 나타난 것으로 말미암아 된 것이 아니니라."

(히브리서11:1~3)

이전에 미국의 저명한 신학교육기관인 Fuller 신학대학원에서 '교회성장' 강의를 하게 된 적이 있었습니다. 전 교수들과 학생들이 참석했고, 미국 전역에서 온 많은 교역자 대표들이 참석한 굉장한 모임이었습니다. 그 모임에서 제게 강의를 의뢰한 피터 와그너 박사를 만나게 되었습니다. 반갑게 인사를 나누고 담소를 나누는 가운데 그가 매우 흥미로운 얘기를 건넸습니다. 하나님께서 자기에게 짧아진 다리를 길게 만드는 특별한 은사를 주셨다는 이야기였습니다.

저는 제 귀를 의심했습니다. 신학 교수이자 박사인 그를 어느 모로 봐도 결코 그런 기적을 일으킬만한 사람으로는 보이지 않았기 때문입니다. 그런 저의 마음을 알았는지 와그너 박사는 직접 와서 그 현장을 보라고 했습니다. 이튿날 아침 저는 다시 사무실에 들렀습니다. 때마침 기차 사고로 다리가 일부 잘린 한 이라크 인이 거기 있었습니다. 또 박사의 부인과 김 영길 목사님을 비롯한 여러 다른 목사님들도 계셨습니다. 이윽고 와그너 박사가 들어왔습니다. 그는 기도를 마친 후 다리가 일부 잘려있는 그 이라크 인에게 손을 얹고 외쳤습니다.

"나사렛 예수의 이름으로 다리야 길어질찌어다! 다리야 길어질찌어다! 나사렛 예수의 이름으로 다리야 길어질찌어다!"

와그너 박사는 그렇게 계속 5분이 넘도록 땀으로 범벅이 된 채 외치고 또 외쳤습니다. 그러나 다리는 여전히 그대로였습니다. 저는 박사가 무안할까봐 오히려 그를 위로했습니다.

"지금 바로 길어질 수도 있겠지만 서서히 길어질 수도 있을 겁니다."

거기 있는 다른 사람들도 저마다 괜찮다고 와그너 박사를 위로했습니다. 그러나 박사는 포기하지 않았습니다. 그리고 그 이라크 인에게 손을 내밀며 자기 기도를 따라하라고 했습니다.

"하나님이 살아계신 것을 믿습니다. 독생자 예수가 나의 구주인 것을 믿습니다. 예수님께서 나를 꼭 고쳐주실 것을 믿습니다."라고 고백하게 한 후에 다시 앉으라고 했습니다.

이제는 오히려 보고 있는 제가 더 난처했습니다. 저는 기도했습니다.

'하나님, 저의 부족한 믿음을 용서하여 주시옵소서. 아버지, 다리가 길어지건 아니건 와그너 박사가 실족치 않게 하여 주옵소서.'

박사는 다시 그에게로 가서 다리를 만지면서 선포했습니다.

"나사렛 예수의 이름으로 명하노니, 다리야 길어질찌어다! 나사렛 예수의 이름으로 길어져라!"

순간 믿지 못할 상황이 눈앞에 펼쳐졌습니다. 저는 얼마나 놀랐는지 주저앉을 뻔했습니다.

이 사건은 저에게 엄청난 충격을 안겨 주었습니다. 저는 하나님이 그렇게 가까이 계신 분임을 미처 모르고 있었던 것입니다. 이 사건을 통해 저는 놀라운 사실을 너무도 절실히 알게 되었습니다. 그곳은 교회도 아니고 기도원도 아니었으며 여느 부흥회 장소도 아닌, 그저 교수님의 사무실이었을 뿐입니다. 강한 믿음을 갖고 그저 "다리야 길어질찌어다!"라고 말했을 뿐입니다. 다리가 길어진 이라크인은 너무 감격해하며 사무실 안을 걸어 다녔습니다. 절룩거리는 모습은 온데간데없었습니다.

아, 이 얼마나 큰 하나님의 은혜입니까? 하나님은 구만리 장천에 멀리 계신 것이 아니고, 우리가 숨 쉬는 호흡만큼 가까이 계시며 바로 우리 입술의 말을 통해 계신 것이었습니다. 하나님께서는 2천 년 전 예수 그리스도가 유대 땅에서 행하신 기적을 지금 이 순간 우리들을 통해서도 이루시고 계신 것입니다. 이렇게 큰 깨달음을 간직하게 된 저에게 와그너 박사가 다가와 말했습니다.

"제가 이렇게 병자를 고치는 것은 다 조 목사 덕분입니다."

저는 어리둥절해하며 무슨 내 덕분이냐고 했습니다. 그러자 박사가 말했습니다.

"당신이 저술한 〈4차원의 영적세계〉라는 책을 읽었습니다. 그 책에서 그러더군요. 반드시 하나님의 역사하심을 이루려면 꿈을 꾸어라. 그리고 이루어지라고 명령하면 된다고 말입니다. 그래서 저는 다리가 길어질 줄 확실히 믿고 이미 그것이 이루어진 것을 바라보고 명령을 했습니다. 그리고 정말로 그 꿈은 모두 이루어졌습니다."

피터 와그너 박사님은 세계에서 가장 존경받는 학자이자 교회 지도자로서, 16년간 볼리비아 선교사로 사역했고, 그 이후 교회 성장학교 수로 풀러 신학교에서 25년간 가르쳤다. 80권 이상의 책을 집필하고 편집한 석학이시기도 하다.

이렇게 책을 통해 와그너 박사님에 대해 간접적으로 알았는데, 그분이 총장으로 운영하시는 학교가 주님이 나를 위해 예비하신 학교라니, 그래서 미리 알게 하셨구나! 하는 생각이 들었다.

학교 입학에 대해 알아보고 어떻게 해야 할지 기도하며 언제쯤 입학을 할까 고민하고 있는데 하나님께서 말씀 하셨다.

"네가 섬기는 주의 종에게 고하라!"

WLI에 입학을 하다

그래서 담임 목사님께 이와 같은 과정들을 말씀드린 후, 추천서를 써주셔서 2009년에 입학하여 공부를 하게 되었다.

그동안 하나님께서 입학할 수 있는 환경도 열어 주셨다.

내가 우리 김 대동 담임 목사님을 귀하게 여기며 감사하게 생각하는 것은, 열린 마음으로 수용하시며 목사님 개인이나 어떤 규칙에 의해 생각하시기보다는, 하나님의 뜻에 더 초점을 맞추고 존중해 주신다는 점이다.

개중에는 성령사역 하시는 분들을 마치 잘못된 신비주의나 이단처럼 터부시하는 사람들이 있는데, 이 얼마나 주님의 마음을 아프게 하는 일인지 안타깝기 그지없다.

갓난아기들을 들여다 볼 때 그 조그만 몸에 어쩌면 그렇게 오밀조밀 모든 기관과 조직이 다 들어있고 붙어있는지 신비스러움 그 자체라서 눈을 떼기가 어렵다.

어디 그뿐이랴! 작은 열대어가 금방 낳은 알은 그야말로 점처럼 생긴 것이 좁쌀알만 하다. 그런데 거기서 생명이 나와 움직이는 것을 보면 이보다 더 신기할 수가 없다.

이렇게 기이한 일을 행하시는 분이 바로 하나님이신데 속된 피조물인 우리들의 3차원적 상식으로 이해 할 수 있는 일만 하신다면 오히려 그것이 비정상이 아니겠는가?

> 하나님이 자기를 사랑하는 자들을 위하여 예비하신 모든 것은 눈으로 보지 못하고 귀로 듣지 못하고 사람의 마음으로 생각하지도 못하였다. (고전2:9)

생명을 만드시며 무에서 유를 창조하시는 분이 무엇인들 마음대로 못하시겠는가? 나는 하나님이 그토록 대단한 분이시기에 믿고 매달리며 가까이 따라다닌다.

많은 교회 지도자들이 성도들에게 땅의 것을 추구하지 말고 하늘의 신령한 것을 사모하라고 가르친다.

그러나 막상 성령님의 신령한 능력 행하심을 나타내거나 그에 대해 이야기를 하면 신비주의로 몰아가는 경우가 많다.

> 너희는 택하신 족속이요 왕 같은 제사장들이요 거룩한 나라요 그의 소유가 된 백성이니 이는 너희를 어두운데서 불러내어 그의 기이한 빛에 들어가게 하신 이의 아름다운 덕을 선포하게 하려 하심이라. (베드로전서2:9)

우리가 분명하게 알아야 할 것은 하나님의 일은 신비스럽고 기이한 것이 정상이고, 성령님의 초자연적능력을 나타내는 사람들이 이단이 아니라, 자칭 구원 주라고 하며 '그리스도 예수' 외에 다른 이름으로 영생구원을 얻을 수 있다고 주장하는 자들이 이단인 것이다.

> 다른 이로써는 구원을 받을 수 없나니 천하사람 중에 구원을 받을 만한 다른 이름을 우리에게 주신일이 없음이라 하였더라.
> (행4:12)

> "우리가 보니 이 사람은 전염병 같은 자라 천하에 흩어진 유대인을 다 소요하게 하는 자요 나사렛 이단의 우두머리라."
> (행24:5)

위의 본문은 대제사장 아나니아가 장로들과 변호사 더둘로와 함께 사도 바울을 벨릭스 총독에게 고발하는 내용이다.

신약시대에 성경 속의 인물 중 가장 존경 받는 사도 바울을, 이단의 우두머리라고 하면서 대제사장이 이방인에게 고발하는 모습을 보며, 지금의 많은 그리스도인들은 그를 비판할 것이다.

그러나 아나니아와 같은 종교 지도자들과 많은 크리스천들이 지금도 그들처럼 오류를 범하고 있다는 사실을 깨닫고, 진정 주님이 원하시는 길에 자신은 서있는지 돌아봐야 할 것이다.

> "이제 나를 고발하는 모든 일에 대하여 그들이 능히 당신 앞에 내세울 것이 없나이다. 그러나 이것을 당신께 고백하리이다. 나는 그들이 이단이라 하는 도를 따라 조상의 하나님을 섬기고 율법과 선지자들의 글에 기록 된 것을 다 믿으며 그들이 기다리는바 하나님께 향한 소망을 나도 가졌으니 곧 의인과 악인의 부활이 있으리라 함이니이다. 이것으로 말미암아 나도 하나님과 사람에 대하여 항상 양심에 거리낌이 없기를 힘쓰나이다."
>
> (행24:13~16)

그들의 고발에 대해 항변하는 사도바울의 당당한 모습이다.

성령님의 능력 행하심

WLI에 입학하여 보니 책에서만 접할 수 있었던 세계적으로 유명하신 분들이 모두 와서 강의를 하는데 정말 놀라웠다.

피터 와그너 박사님은 물론 『능력의 세대여 일어나라』의 체안, 『대적의 문을 취하라』의 신디 제이콥, 『하나님을 얼굴로 보리라』의 빌 존슨, 『왕의 침소로』의 앨리스 스미스, 영적 불모지 모잠비크를 완전히 하나님의 나라로 바꾸어 놓은 『사랑이 강권 하시도다』의 하이디 베이커, 『성령체험』의 로버트 하이들러, 『기도폭풍』의 제임스골, 캐나다 토론토 공항교회의 부흥을 일으킨 랜디 클락, 데니스 크레이머 등등 세계적인 선견자와 선지자적 사도들이 다 와서 강의를 하는데 공통점이 있었다.

그분들 모두가 공부했던 신학의 교리적 기반위에 목회를 10년 이상씩 하다가, 강권적으로 이끄시는 주님의 인도하심에 따라 목회를 사역으로 전환하여 온전히 성령님께 맡겼다는 사실이다.

그 결과, 그동안 경험하지 못했던 초자연적인 성령의 능력 행하심들이 사역위에 실제적으로 나타나, 수많은 치유와 부흥이 일어난 내용들을, 말씀의 토대위에 풀어놓는데 놀라운 기름부음의 역사가 나타나고 있다.

초자연적인 성령의 역사를 동반하는 사역자들의 또 다른 공통점은, 날마다 주님의 임재 가운데 나아가 각자 일정시간 주님과 친밀하게 교제를 하고 있다는 것이다. 한번 친밀하게 교제한 것으로 그치는 것이 아니라 지속적으로 해야 한다는 것이 중요하다.

왜냐하면 기적을 그분들이 행하는 것이 아니라 성령님께서 그분들을 통해 나타내시는 것이기 때문이다.

주와 합하는 자는 한 영이니라. (고전6:17)

예를 들어 인간은 모두 뇌에서 지시하는 명령에 따라 사고와 행동을 하게 되어 있는데, 자기머리 안에 들어있는 뇌의 지시만 받게 되어 있지, 다른 사람 뇌의 지시는 받지 않는다. 만약 뇌가 몸 밖에 분리되어 있다면 우리는 뇌의 지시를 받을 수 없을 것이다.

이처럼 주님의 임재 안에 거하며 성령님께 온전히 자신의 영·혼·육을 맡겨드릴 때, 그분의 지시를 받고 전달하는 통로가 될 수 있으므로, 분리될 수 없는 친밀감이 필요하다.

> 나는 포도나무요 너희는 가지라 그가 내 안에, 내가 그 안에 거 하면 사람이 열매를 많이 맺나니 나를 떠나서는 너희가 아무것도 할 수 없음이라 너희가 내 안에 거하고 내 말이 너희 안에 거하면 무엇이든지 원하는 대로 구하라 그리하면 이루리라. (요15:5,7)

한국 WLI 총장님으로 계시는 하베스트 샬롬 교회의 홍 정식 목사님 또한, 10년 전 하나님의 인도하심에 따라 예배갱신을 하셨고, 그 과정에서 많은 아픔과 어려운 일도 있었지만, 24시간 기도의 집과 Onething(오직전부) 등의 사역을 통해 지금은 청년들 부흥과 함께 교회 전체가 영적으로나 수적으로 성령님이 놀랍게 많은 성숙과 부흥을 이루어 가신다고 한다.

나는 강의에 참석할 때마다, 마치 우주에 수천억 개의 행성들이 있지만 우리가 볼 수 없는 것처럼, 정말 우리 눈에 보이는 것이 다가 아니라는 사실을 인정하고, 하늘의 신령한 것을 사모하며 내 것으로 취할 준비를 하고 사는 것이 얼마나 중요한지를 절실히 깨닫는다.

하혈이 심한 자궁암 환자가 즉시 하혈이 멈추며 치유함을 받고, 사고로 인한 부상 때문에 무릎과 발목에 지지 못이 들어 있어서 계단을 오르지 못하고 무릎도 굽히지 못했던 사람들이, 말씀으로 선포하자 못하던 행동을 즉석에서 하는 모습들을 보면서, 피조물인 인간에게는 기적이라도, 만물을 창조하신 하나님께는 그저 일상일 뿐이라는 사실을 받아드리는 것이 믿음이리라 생각했다.

> 내가 진실로 진실로 너희에게 이르노니 나를 믿는 자는 내가 하는 일을 그도 할 것이요 또한 그보다 큰일도 하리니 이는 내가 아버지께로 감이라. 너희가 내 이름으로 무엇을 구하든지 내가 행하리니 이는 아버지로 하여금 아들로 말미암아 영광을 받으시게 하려 함이라. 내 이름으로 무엇이든지 내게 구하면 내가 행하리라. (요14:12~14)

미국 캘리포니아 레딩지역의 베델 교회를 담임하는 빌 존슨 목사님은, 날마다 기적을 체험하지 않는 삶이 비정상적이라고까지 이야기한다.

'성령의 비가 내리네' 찬양을 하는 중에 강대상 주위로 실내에서 비가 내려 온 성도들이 그 비를 맞으며 강대상 주변을 돌았는데 무려 3시간 동안이나 내렸다고 한다.

이 분이 쓴 〈365일 기적의 삶〉이란 책의 내용 일부를 적어 본다.

6) 하나님께서 선을 넘으실 때

하나님의 세계는 우리의 세계 속으로 자주 침노하며 구원, 치유, 해방을 일으킨다. 그 침노는 다양하게 나타난다. 그것은 매우 신기하며, 너무 많아서 분류하기 어려울 정도이다. 어떤 것들은 언뜻 이해하기 어렵지만, 우리가 아는 것은 하나님의 역사는 항상 구속을 위해 있다는 것이다.

실내에 웃음소리가 가득하면서 사람들의 상한 마음이 치료된 경우가 있다. 때로는 금가루가 사람들의 얼굴, 손, 옷에 묻는다. 하나님 사람들의 손에 기름이 생기는 경우도 있는데, 특히 어린이들 중에 그런 일이 잘 일어난다. 창문이나 문이나 환기구가 열려 있지 않는데 실내에 바람이 부는 경우가 있다. 예배하는 사람들의 머리 위로 하나님의 임재의 구름이 나타나는 것을 보기도 하고 천국의 향기가 실내에 가득해지는 경험도 했다. 중략

> "예수께서 대답하시되 내가 너희에게 말하였으되 믿지 아니하는 도다. 내가 내 아버지의 이름으로 행하는 일들이 나를 증거 하는 것이거늘" (요한복음 10장 25절)

이 정도로 그 분들의 사역위에 성령이 함께 하시는 초자연적인 역사들이 많이 일어나고 있는 것이다.

그 이유는, 그 분들의 나라가 이전부터 기독교 문화권이었기에 환경적으로 영적 오염이 덜 되어서 그렇다고 한다.

반대로 우상숭배의 문화권인 나라에서 사역하시는 선교사님들의 이야기를 들어보면, 사탄의 공격이 얼마나 심한지 치열한 영적전투를 거의 날마다 치러야만 한다고 했다.

우리나라도 옛날부터 국토 전체가 영적으로 오염되어 있어서 그리스도인들은 기도를 몇 배나 더 많이 해야 하는 것이다.

하나님께 사명을 받다

그러나 우리가 집중해야 할 것은 사탄의 공격이 아닌 '하나님의 능력 행하심'과 '예수님의 승리'이다.

사탄은 무시해야 할 존재도 아니지만, 두려워할 존재는 더더욱 아니다. 우리는 사탄과의 전쟁을 날마다 치러야 하지만, 이미 승리를 보장받은 그리스도인들에게 마귀는 두려움의 대상이 아닌, 그저 담대하게 물리치며 뛰어넘을 수 있는 영적 존재일 뿐이다.

언약을 확인시켜 주시다

그동안 하나님께서 왜 바로바로 응답을 주시지 않고 1년씩 기다렸다가 말씀 하셨을까?

그것은 나의 순종하는 마음을 테스트 하신 것이다.

내가 54세 때 기도하는 중에 하나님께서 믿기 어려운 약속의 말씀을 주셨다. 그래서 나는 그때부터 그 언약의 말씀을 붙들고 기도하기 시작했다. 2년 이상 기도를 하다 보니 살짝 의심하는 마음이 들었다. '정말 하나님이 주신 약속 맞나? 혹시 내가 잘못 들은 것은 아닐까?' 그래서 나는 기도했다.

"하나님께서 제게 약속해주신 말씀이 맞는다면 지금 다시 말씀해 주시든지 아니면 환상으로 보여 주세요."

"오늘 밤에 꿈으로 보여주마!"

그래서 나는 너무나 궁금했다. 보통 내가 중보기도를 할 때 환상도 보여주시고, 말씀도 주시고 하는데 꿈으로 보여주신다니 너무 기대가 됐다.

'혹시 꿈속에 예수님이 나타나셔서 말씀하실까!'

나는 지금까지 예수님을 꿈에서도 한 번 본적이 없다. 그래서 예수님을 보는 것이 소원중의 하나였는데 그 소원을 들어주시려나보다 하고 그날 밤 12시까지 기도를 했다.

'하나님! 오늘 밤에 꿈으로 꼭! 꼭! 보여 주세요!'라고 간절히 기도를 드린 뒤 잠자리에 들었다.

그런데 정말 꿈에서 아주 가까이에, 내 양팔을 벌린 크기의 약1.5배 넓이에다 지름의 길이는 한 10미터 정도 족히 될 것 같은 무지개를 선명하게 보여주셨다. 나는 그렇게 큰 무지개는 지금까지 살면서 한 번도 본적이 없었다.

너무나 감동적이고 놀라워서 그만 깼는데 새벽 3시 반경이었다. 그때부터 나는 울면서 기도하기 시작했다.

'어쩌면 하나님은 그렇게 단번에 확실하게 표현해 주실까! 만약 그것을 환상으로 보여주셨다면 얼마나 작게 축소가 되어 보였을까!' "하나님 감사합니다! 내 생명 다 드려 사랑합니다."

그래서 **나는 정말 우리 하나님은 내가 생각하는 것보다, 구하는 것보다 언제나 더 좋은 것으로 넘치도록 주시는 분**이라는 사실을 경험하게 되었다.

그때가 2009년 8월이다.

나를 다듬어 가시다

그리고 하나님은 나를 하나하나 다듬어가기 시작하셨다.

그 무렵이었는데 한 번은 내가 우리 남편이 지식적으로 하나님을 믿는 것이 안타까워서 이렇게 기도했다.

"하나님! 저는 하나님을 믿을 때 단순무식하게 믿습니다. 우리 남편도 저처럼 단순무식하게 하나님을 믿게 도와주세요."

"그래! 나는 너의 그 단순무식한 믿음을 보고 너를 택했느니라. 그러나 교만하지 말지니 그 믿음 또한 내가 준 것이니라!"

그래서 나는 또 엉엉 울면서 다시 기도했다.

"예! 그래요 하나님, 그 믿음도 하나님이 주신 것인데 제가 교만 했네요! 저 처럼이 아니라 제게 주신 단순무식한 믿음을 제 남편에게도 주시옵소서."

나처럼 단순무식하게 믿게 해달라고 할 때의 주어는 나였다. 그러나 내게 주신 단순무식한 믿음을 그에게도 주시라고 할 때는 바로 주체가 하나님이 되시는 것이다.

그동안 나는 오해를 받아 여러 번 마음의 아픔을 겪게 되었다.

그래서 그들을 사랑한다고 고백하며 눈물로 기도하기를 여러 차례, 그러다 보면 오해가 풀리곤 하였다. 작년 11월 초에도 억울한 상처를 갖고 하나님께 기도했다.

"하나님 제가 무엇을 잘못했나요? 제가 한 일은 그들을 위해 기도한 죄밖에 없는데, 왜 이런 아픔을 자꾸 겪게 하시나요? 말씀해 주세요." 이렇게 간절히 기도한지 5일째 주님께서 말씀하셨다.

"네가 나와 함께 십자가에 못 박히지 않았기에 그 일로인해 가슴이 아픈 것이니라."

순간, 1월1일 날 기도원 갔을 때 말씀카드(갈6:14)를 뽑았는데 그 말씀이 선명하게 떠올랐다.

> 내게는 우리 주 예수그리스도의 십자가 외에 결코 자랑할 것이 없으니 그리스도로 말미암아 세상이 나를 대하여 십자가에 못 박히고 내가 또한 세상을 대하여 그러하니라. (갈 6:14)

처음에 말씀을 받고 좀 어렵지만 주신 말씀이니까 몇 번 기도하고는 10달 동안 잊고 있었던 것이다. 그런데 그 말씀이 가슴에 절절히 와 닿으면서 통곡하기 시작했다.

"그러네요. 주님! 제가 입술로는 '내가 그리스도와 함께 십자가에 못 박혔나니……' 너무나 많이 암송했지만, 실제로는 아직도 내가 살아서 내안에 계신 주님을 가리고 있었네요. 용서해주세요. 제가 그를 사랑하겠습니다. 도와주세요."

그날 이후 아침마다 (갈2:20), (갈6:14) 말씀을 암송하며 나를 죽이고 낮아지는 겸손을 훈련하고 있다.

우리가 무엇을 하든지 주님의 사랑, 희생, 섬김, 겸손이 중심이 되고, 목적이 되고, 전부가 되어야 하리라!

> 내가 그리스도와 함께 십자가에 못 박혔나니 그런즉 이제는 내가 사는 것이 아니요 오직 내 안에 그리스도께서 사시는 것이라 이제 내가 육체 가운데 사는 것은 나를 사랑하사 나를 위하여 자기 자신을 버리신 하나님의 아들을 믿는 믿음 안에서 사는 것이라. (갈2:20)

궁금증이 풀리다

　하나님께서 내게 언약해주신 것이 크게 2가지인데, 그중의 하나는 그때 당시 30년 뒤에 일어날 일을 약속해주신 거였다.

　그래서 날마다 기도하는 중에 무지개로 확증을 받고나자 더 열심히 기도하게 되었다. 하루는 또 놀라운 말씀으로 위로와 격려를 해주셨다.

> "신실하신 하나님! 아브라함은 약속의 아들, 이삭을 얻기 위해 25년을 기다렸지만 저는 그보다도 5년을 더 기도하며 기다려야만 언약이 성취될 텐데 반드시 이루어 드릴 수 있도록 도와주세요."

"사랑하는 내 딸 봉화야! 너는 참 특별하구나! 다른 사람들은 내가 겨자씨만한 소망을 던져 주었을 때 그것이 불가능하다고 생각되면 아예 포기를 하거나, 아니면 몇 번 기도하다가 그만 두는데, 너는 그 작은 소망의 씨앗을 믿음으로 마음밭에 심고 날마다 기도로 물을 주며 가꾸어 싹이 나게 하니, 머지 않아 잎이 피고 장성한 나무가 되어 때가 이르면 열매가 맺혀질 것이니라 내가 너를 택하길 참 잘했도다!'

　나는 이 말씀을 듣는 순간 눈과 귀가 번쩍 뜨였다.

　　이르시되 너희 믿음이 작은 까닭이니라. 진실로 너희에게 이르노니 만일 너희에게 믿음이 겨자씨 한 알 만큼만 있어도 이 산을 명하여 여기서 저기로 옮겨지라 하면 옮겨질 것이요 또 너희가 못할 것이 없으리라. (마17:20)

　나는 그동안 이 말씀을 읽을 때마다 어떻게 겨자씨 한 알만한 믿음이 산을 옮길만한 믿음이 될 수 있을까? 궁금하며 의아했었다. 그런데 나의 그 궁금증을 풀어주신 것이다.

　'겨자씨만한 작은 믿음이라도 소중하게 간직하고, 날마다 기도로 물을 주며 키워나가면 그 믿음이 증가하게 되고, 아무리 산 같은 문제라 할지라도 담대히 선포했을 때, 그 믿음을 보시고 역사는 성령께서 하시기 때문에 해결되는 것이구나!'
　그래서 아주 작은 모래알이나 먼지에 비유하지 않으시고 물을 주면 자라는 씨에, 그것도 처음의 상태와는 비교할 수 없을 만큼 성장하는 겨자씨에 비유하여 말씀하신 것을 깨닫게 되었다.

금식을 요구 하시다

2010년 7월 나는 결코 잊을 수 없는 순종의 훈련을 받았다. 내가 늘 사랑으로 중보기도 하던 집사님에게 뇌종양이 재발하여 너무나 힘든 생활을 하고 있었다. 몇 차례의 항암치료와 노력에도 불구하고 검사 결과 치유 불가능으로 나왔다고 했다.

나는 그 와 또 다른 두 집사님을 위해 날마다 울면서 기도하고 있었다.

"하나님 아버지! 김 집사님 좀 고쳐주세요. 아이들도 공부하는 중에 있고 아직 할 일이 많은데 제발 그 좀 살려 주세요!"

이렇게 간절히 기도하자 그에게 21일 금식을 하라고 전하라 하셨다. 나는 전해야 할 사명이 있기에 조심스럽게 전했다.

그리고는 더 이상 권면할 수가 없었다.

왜냐하면, 금식기도 하는 사람을 중보 할 때 나는 스스로 같이 금식하며 기도해왔기 때문에, 21일이면 1주일에 3일 정도는 금식하며 중보 해야 하는데 나 또한 자신이 없었다.

1년 전에 3일 금식을 해보니까 너무 힘이 들어서 '하나님! 저 이제 금식은 못하겠네요.'라고 했었다.

그런데 그 집사님이 처음에는 기도원에 가서 하겠다고 하더니 실천을 하지 못하고 주저앉고 말았다. 그러면서 증세가 점점 악화되어 말도 잘 못하고 거동도 불편해져만 갔다. 그 모습을 보면서 나는 가슴이 찢어질 듯 아팠다. 주님이 주시는 마음이리라.

"하나님 아버지! 제발 그 집사님 좀 살려 주세요. 두 사람이 합심하여 무엇이든지 구하면 하나님께서 그들을 위해 이루시겠다고 하셨잖아요? 그를 위해 전 교인이 합심하여 기도하고 있는데 들어 주셔야죠. 왜 가만히 계시는 거예요?"

> 실로 다시 너희에게 이르노니 너희 중의 두 사람이 땅에서 합심하여 무엇이든지 구하면 하늘에 계신 내 아버지께서 그들을 위하여 이루게 하시리라. (마18:19)

"하나님! 소돔과 고모라 멸망 당시 아브라함을 생각하여 롯의 가족을 이끌어 내신 것처럼 중보기도 하는 저를 봐서라도 그를 좀 살려 주세요 네?"
"그러면 네가 21일 금식을 해라!"

"네!? 저보고 하라구요!? 언제부터요?"
"다음 주 월요일부터"

나는 혹시나 잘못들은 것이 아닐까 싶어 몇 번을 확인했지만 하라는 감동만 주셨지 더 이상 말씀이 없으셨다.

작년에 3일 금식하면서 이제 더 이상 못하겠다고 했더니 1년 뒤에 7배로 시키신다.

그날이 7월 2일 금요일이었는데 월요일이면 7월 5일, 3일 후였다. 그래서 그때부터 준비기도 하기 시작했다.

"하나님! 지금 제 형편이 기도원에 갈 상황이 못 되는 것 아시지요? 집에서 하더라도 아내로서, 주부로서, 엄마로서, 또 교회에서 맡은 직분까지 잘 감당할 수 있도록 맑은 정신과 온전한 건강을 지켜주세요. 그래서 제 남편이 살아계신 하나님을 목도하며 경험하게 해주세요."

그리고 7월 4일 주일날 '작정기도를 온전히 마칠 수 있도록 도와주실 것을 믿고 감사를 드립니다.'하고 헌금을 드렸다.

그날 장을 새로 보고 생수도 2리터짜리 24병을 사가지고 갔더니 남편이 깜짝 놀라며 물었다.

우리는 물을 끓여 먹고 있었기 때문이다.

"아니 웬 물을 이렇게 사와?"

"내가 마시려 구요"

"뭐!? 또 굶냐?"

"여보! 굶는 거랑 금식은 근본적으로 달라요."

"시끄러워 정신 나갔어! 저 많은 물을 마시려면 며칠인데 그만둬 알

앉어?"

그때부터 남편의 얼굴이 굳어져서 보기만 하면 그만두라고 성화를 했다.

드디어 월요일 아침이 되자 빨리 밥 먹으라고 강권하기에 가만있으면 계속 그럴 것 같아 내가 단호하게 말했다.

"여보! 당신도 알다시피 지금까지 나는 하나님 말씀에 순종하며 살았는데, 하라고 하실 때는 감당할 힘도 주시지 않겠어요? 당신은 이해가 잘 안되겠지만 내 결단을 바꿀 수는 없으니까, 그냥 가만 놔두는 게 나를 도와주는 거예요 걱정되면 기도나 해줘요."

(작년에 우리 아들이 장학금 혜택을 받으며 미국유학을 가게 되는 과정 속에서, 남편은 결국 내가 하나님의 음성을 듣는다는 사실을 인정하게 되었다.)

그러자 남편은 내 얼굴을 쳐다보지도 않았다.

출근할 때 늘 엘리베이터 앞에까지 가서 인사를 하는데, 그날부터 딱 돌아서서 대꾸도 없이 갔다.

나는 더 신경을 써서 다른 때 같으면 두 번씩도 놓던 반찬을 끼니마다 바꾸어 주며 무엇이 먹고 싶다고 하면 바로바로 해주어 책잡힐 일을 하지 않았다.

새로운 힘을 주시다

3일 동안은 정말 힘들었다.

4일째 되는 날! 누워있을 때였다.

"어지럽지 않을 테니 일어나라!"

"네!?"

일어나보니 그때부터 어지럽지 않고 다리에도 힘이 생겼다.

모든 가사 일을 다 하며, 1주일에 한번 씩 다림질하고, 내가 화초를 좋아하여 화분이 백 개 정도 되는데 물주는 날짜가 달라서 나만이 할 수 있는 일이었다.

월요일마다 큐티 인도하고, 수요일 오전 예배 때 성가대 감당하며 주일날만 남편 때문에 성가대를 하지 못했다.

그렇다고 정말 힘이 들지 않았던 것은 아니다. 음식이 없어서 못 먹으면 차라리 포기가 되지만, 직접 만들면서 냄새를 맡아가며 절제해야 한다는 것은 몇 배나 더 어려운 일이다.

우리 교회에서 매달 1가지씩 성품 훈련 중이었는데 절제의 달인 7월에 제대로 훈련을 받았던 것이다.

남편이 하도 냉랭하게 대하기에 일부러 생전 안하던 오이를 썰어서 얼굴에 좀 붙여달라고 하니까 할 수 없이 붙여 주면서 해골바가지 같다고 했다. 그래서 남편이 올 때 쯤 되면 귀찮아도 얼굴에 화장을 하고 립스틱도 바르고 생기 있게 보이려고 노력을 했지만 눈도 잘 마주치지 않았다.

그러는 중에 하나님이 얼마나 철저하신 분인지 알게 하셨다.

내가 5년째 상담을 하면서 중보기도 해주는 사람들이, 연락 없던 사람들까지 먼저 전화해서 기도 부탁을 하기에 나도 금식기도에 대한 중보를 부탁했다. 우리 교회에는 큐티 가족 몇 사람에게만 알리고 전혀 말하지 않았다.

나라와 민족, 대통령과 위정자들, 남북통일, 교회와 목사님들, 26명의 중보자들 가족까지 약 백 명 되는 사람들을 위해 기도하다 보니 3시간씩 걸렸다.

그리고 그 기간 동안 성경 1독을 목표로 하여 방언으로 읽고 묵상하다 보면 하루에 평균 8시간씩 하나님과 교제하게 되었다.

언제 또 이렇게 할 수 있을까 싶어 너무나 행복하고 뿌듯한 시간들을 보냈다.

중간시험을 통과하다

금식기도나 작정기도 할 때는 언제나 시험이 오는데 하기 전에, 중간쯤, 끝날 무렵, 마치고 난 직후 이렇게 여러 번 받게 된다.

21일이면 9~11일 사이가 중간인데 9일째 되는 날, 아침에 빨래를 해서 너느라 몸을 굽혔다 폈다 했더니 어지러워 누워있는데 내가 중보기도 해주는 집사님한테서 전화가 왔다.

뇌에 이상이 생겨서 수술을 하려고 서울대병원에 입원했는데 혈소판 수치가 떨어지지 않아 못한다고 울면서 말했다.

"긴장하지 말고 마음 편하게 먹어야 수치가 내려가. 괜찮을 거야 내가 기도할게."

전화를 끊고 간절히 기도하는데 15분 후에 다시 전화가 와서 수술하기로 했는데 오후 늦게 할 거라고 했다.

일단은 안심이지만 가봐야 할 것 같아서 하나님께 물으니

"가라! 네 사명이 중보자가 아니더냐!"

예상했던 대답을 하신다.

전화를 해서 내가 갈까 물었더니 너무 좋아한다.

작년 여름 날씨가 얼마나 더웠던가! 그 더운 날씨에 기운이 없어서 운전은 자신이 없고 천천히 걸어서 가기로 했다. 우리 집에서 교통이 불편하여 평소에도 가끔 운동 삼아 걸어서 심방가다 보면 35분 정도 걸리는데, 그날은 1시간 반이나 걸려서 도착했다.

가다가 쉬기를 몇 번 반복하며 계속 기도하면서 갔는데 병실에 가니까 수술하러 간지 20분 정도 됐다고 한다. 오후 5시쯤 한다고 하더니 내가 12시 40분에 도착했는데 벌써 간 것이다.

8층에서 다시 지하 1층까지 내려가니까 수술실 앞의 전광판에 **"최**

○○ **시술 중"**이라고 뜬다. 앉아서 계속 기도했더니 한 40분 쯤 지나서 환자가 나오는데 상태가 좋아 안심이 되었다.

하나님께서 나의 순종을 보시고 수술시간까지 바꾸시며 약 2시간 걸릴 거라던 시간도 1시간으로 단축해주셨다고 생각한다.

올 때는 그 남편 집사님이 집에까지 태워다 주셨다.

이렇게 중간시험을 잘 통과하고 마지막 시험도 승리하게 하셨다.

은혜 뒤에 오는 시험

＊참고적으로 알아야 할 것은 우리가 은혜를 받고난 뒤에 반드시 사탄의 시험이 온다는 것을 명심하고 대처해야 한다.

베드로가 예수님을 '주는 그리스도시요 살아계신 하나님의 아들'이라 고백하여, 복이 있다는 칭찬과 그 이름위에 교회를 세우시겠다는 권세와 함께 천국의 열쇠까지 주시겠다는 약속을 받고난 뒤, 바로 예수님이 십자가 고난을 예고하시자 '이 일이 결코 주께 미치지 아니하리이다.' 항변하므로 주님께 '사탄아 내 뒤로 물러가라'고 책망 받는다.

주님의 십자가 고난과 부활이 사탄에게는 결국 파멸의 길이기에 이루지 못하도록 저지하는 것이다.

이르시되 너는 나를 누구라 하느냐.

시몬 베드로가 대답하여 이르시되 주는 그리스도시오 살아계
신 하나님의 아들이시니이다.

예수께서 대답하여 이르시되 바요나 시몬아 네가 복이 있도다
이를 네게 알게 한 이는 혈육이 아니오 하늘에 계신 내 아버지
시니라.

또 내가 네게 이르노니 너는 베드로라 내가 이 반석위에 내 교
회를 세우리니 음부의 권세가 이기지 못하리라.

내가 천국 열쇠를 네게 주리니 네가 땅에서 무엇이든지 매면
하늘에서도 매일 것이요 네가 땅에서 무엇이든지 풀면 하늘에
서도 풀리리라. (마16:15~19)

이때로부터 예수 그리스도께서 자기가 예루살렘에 올라가 장
로들과 대제사장들과 서기관들에게 많은 고난을 받고 죽임을
당하고 제 삼일에 살아나야 할 것을 제자들에게 비로소 나타내
시니 베드로가 예수를 붙들고 항변하여 이르되 주여 그리 마옵
소서 이 일이 결코 주께 미치지 아니하리이다.

예수께서 돌이키시며 베드로에게 이르시되 사탄아 내 뒤로 물
러가라 너는 나를 넘어지게 하는 자로다 네가 하나님의 일을
생각하지 아니하고 도리어 사람의 일을 생각하는 도다 하시고
(마16:21~23)

대부분의 시험은 사탄이 하는 것이고, 하나님께서 특별히 선택한자
들에게는 영적 성숙을 위해 통과해야 할 테스트를 사탄을 통해 치르
게도 하시지만 친히 하시지는 않는다.

사람이 시험을 받을 때에 내가 하나님께 시험을 받는다 하지
말지니 하나님은 악에게 시험을 받지도 아니하시고 친히 아무
도 시험하지 아니하시느니라. (약1:13)

놀라운 변화

7월 25일이 주일이었는데 그 전날 남편한테 감사헌금하게 5만 원만
달라고 했더니 처음엔 안 준다고 하다가 나중에 주었다.

그래서 우리남편 이름으로 헌금을 드렸다.

'주님! 작정기도 온전히 마칠 수 있도록 도와주셔서 감사합니다.'

가장 놀라운 것은 하나님을 늘 지식적이고 피상적으로만 믿던 우리
남편의 태도가 많이 변했다는 것이다. 내가 하나님 얘기만 하면 불편
해 하고 자리를 피하거나, 하지 말라고 말을 막던 사람인데 지금은 끝
까지 다 듣고 있다.

하나님에 대한 거부감이 없어진 것이다.

간접경험이지만 어찌 보면 직접경험이나 마찬가지다. 옆에서 자기
눈으로 보았는데 생수만 마시고도 21일간 모든 일을 다 감당하며 살
수 있다는 것이 기적 아니겠는가! 그것도 집에서 말이다.

"내게 능력 주시는 자 안에서 내가 모든 것을 할 수 있느니라."

(빌4:13)

기도응답

금식기간 동안 중보 했던 내용들은 거의 다 응답을 받았다.

최 집사님 딸이 하나님께서 내게 말씀하신 대로 독일 뮌헨대학 치대에 합격했고, 가지고 있는 재정에 맞추어 집을 사게 해달라고 기도한 집사님도 그대로 이루어졌으며, 갑자기 암이 발견되어 수술 받게 되었던 장로님도 수술시간 내내 집에서 기도했는데 놀라운 경과와 회복을 보이시고 지금 건강하시며, 어느 권사님 아들의 가정이 파경위기까지 갔으나 하나님께서 회복시켜 주시겠다고 약속해 주신대로 지금 회복되어 잘 살고 있다. …… 나라를 위해서 한 기도에도 응답해 주셨다.

그러나 정작 살려주실 줄로 믿고 순종하며 애통하게 기도했던 그 집사님은 두 달 정도 있다가 천국으로 데려가셨다.

나는 하나님께 소리소리 지르며 따져 묻고 대들었다.

"하나님! 저더러 금식하라고 하신 것은 그를 살려 주시려고 그랬던 것 아니세요?"
"나는 네가 중보자로서 그를 어디까지 사랑하는지 알아보기 위해 너의 순종을 요구한 것이고, 너는 순종했으나 그는 이미 스스로를 포기 했었느니라!"

"내가, 아브라함 때문에 롯의 가족을 구해주신 것처럼 나를 봐서라도 그를 좀 살려주시라고 하나님 말씀에 순종했잖아요!?"

하나님이 그 지역의 성을 멸하실 때 곧 롯이 거주하는 성을 엎
으실 때에 하나님이 아브라함을 생각하사 롯을 그 엎으시는 중
에서 내보내셨더라. (창19:29)

"그럼 그의 마음과 상관없이 살려주셔야죠! 내가 기도했더니 그가
나왔다고 나를 내세우려던 마음, 눈곱만큼도 없던 것 하나님이 더
잘 아시잖아요!? 다만 '믿는 자들에게 능치 못할 일이 없다'고 하신
주님의 말씀을 현실로 나타내 주시라고 믿고 기도한 것 뿐 이잖아
요! 우리 교회 성도들에게도 살아계신 하나님을 경험하게 해주시라
고 간절히 기도 했는데 어떻게 그러실 수가 있나요! 말씀해 보세요.
하나님!"

"이제 다 했느냐?"
"아니요! 하나님을 믿을 수가 없어요."

"그래! 아브라함을 생각하여 그들을 이끌어 낼 때 롯의 아내는 세
상에 대한 미련을 버리지 못해 소금기둥이 되었고, 롯과 두 딸들
은 범죄 하므로 가증한 씨앗을 퍼트려 지금까지 대적이 되고 있
지 않느냐! 이것이 내 뜻이었겠느냐!?"

롯의 두 딸이 아버지로 말미암아 임신하고 큰 딸은 아들을 낳
아 이름을 모압이라 하였으니 오늘날 모압의 조상이요. 작은
딸도 아들을 낳아 이름을 벤암미라 하였으니 오늘날 암몬 자손
의 조상이었더라. (창19:36~38)

암몬 사람과 모압 사람은 여호와의 총회에 들어오지 못하리니 그들에게 속한 자는 십대뿐 아니라 영원히 여호와의 총회에 들어 오지 못하리라. (신23:3)

"하지만, '내 이름으로 무엇이든지 내게 구하면 내가 행하리라.' (요14:14), '너희가 기도할 때에 무엇이든지 믿고 구하는 것은 다 받으리라.' (마21:22) 이런 말씀들을 가지고 가서 끝가지 소망 잃지 말라고 권면하던 나를 사람들이 뭐라고 하겠어요!?"

"사랑하는 내 딸 봉화야!
사람들이 너를 무어라 하든!
내가 너를 인정하면 되지 않느냐!?
내가 너를 인정하면 되지 않느냐!?
내가 너를 인정하면 되지 않느냐!?"

나는 더 이상 대들지 못하고 눈이 퉁퉁 붓도록 울고 또 울었다.
그러면서 이런 깨달음을 주셨다.

만약 우리 집에 수천 볼트의 전류(**성령의 능력**)가 들어와도 백 볼트짜리 형광등(**본인믿음**)만 준비하고 스위치(**본인기도, 중보기도**)를 켰다면 우리는 준비한 양의 빛만 누릴 수밖에 없다는 것을.

＊원 전류 = 성령의 능력

＊준비한 등 = 본인의 믿음

＊스위치 = 본인기도, 중보기도

＊준비한 등의 전력 = 누리는 빛(하나님 은혜)

하나님의 뜻

또 하나님께서는 우리가 (창6:3)에서 주신 120세를 건강하게 살면서 사탄의 권세를 주님의 능력(예수 그리스도의 이름)으로 이기고, 맡겨 주신 사명을 잘 감당한 뒤 천국에 오는 것이 아버지 뜻이라고 하셨다.

> 여호와께서 이르시되 나의 영이 영원히 사람과 함께 하지 아니 하리니 이는 그들이 육신이 됨이라 그러나 그들의 날은 백이십 년이 되리라 하시니라. (창6:3)

> '우리의 연수가 칠십이요 강건하면 팔십이라도 그 연수의 자랑 은 수고와 슬픔뿐이요 신속히 가니 우리가 날아가니이다.'
> (시90:10)

이 말씀은 모세가 광야생활 중 출애굽 1세대들의 죽음을 보면서 기 도한 내용이지 하나님의 뜻이 아니라고 하셨다.

그래서 성경을 보니 '모세의 기도'라고 위에 기록되어 있었다.

> 항상 기뻐하라
> 쉬지 말고 기도하라
> 범사에 감사하라 이것이 그리스도 예수 안에서 너희를 향하신
> 하나님의 뜻이니라. (살전5:16~18)

위의 말씀대로만 살면 우리는 건강하게 장수의 복을 누릴 수 있다고 하셨다. 이 말씀을 다음 본문이 뒷받침해 주고 있다.

> 평강의 하나님이 친히 너희를 온전히 거룩하게 하시고 또 너희
> 의 온 영과 혼과 몸이 우리 주 예수 그리스도께서 강림하실 때
> 에 흠 없게 보전되기를 원하노라. (살전5:23)

그리고 약 한달 뒤, 2010년 10월 18~21일까지 WLI 로버트 하이들러 강의에 참석했다.

첫날 특강시간에 명 성훈 목사님이 요즘 피터 와그너 박사님께서 성경에 나온 대로 **120세**를 살아야겠다고 기도 하신다는 말씀을 하셨다. 그래서 하나님이 내게 말씀하신 것이 분명하다는 확증을 받게 되었다.

의문들을 풀어주시다

그러면서 하나님은 내가 그동안 갖고 있었던 의문들을 하나하나 풀

어주시기 시작하셨다.

그리스도인 들이 살면서 강도나 불의의 사고를 당해 안타깝게 죽음을 맞이하는 경우, 특히 수련회를 가서나 새벽기도 다녀오다 변을 당했을 때 그것을 하나님의 뜻으로 받아들이기엔, 사랑이신 하나님의 속성과 너무나 맞지 않는다고 생각했었다.

그렇다면 왜 그런 일이 일어나는 것일까?!

> 그(사탄)가 마을 구석진 곳에 앉으며 그 은밀한 곳에서 무죄한
> 자를 죽이며 그의 눈은 가련한 자를 엿보나이다. 사자가 자기
> 의 굴에 엎드림 같이 그가 은밀한 곳에 엎드려 가련한 자를 잡
> 으려고 기다리며 자기 그물을 끌어당겨 가련한 자를 잡나이다.
> 그가 구푸려 엎드리니 그의 포악으로 말미암아 가련한 자들이
> 넘어지나이다. (시10:8~10)

사고가 일어나는 그 시각, 그 장소에 강력한 사탄의 공격이 있지만 그것을 물리칠 무기(예수 그리스도의 이름)를 사용하지 못했거나 다른 사람이 그를 위해 중보기도하지 않았기 때문에 천사의 도움을 받지 못한 것이다.

> 모든 천사들은 섬기는 영으로서 구원받을 상속자들을 위하여
> 섬기라고 보내심이 아니냐. (히1:14)

> 여호와의 천사가 주를 경외하는 자를 둘러 진치고 그들을 건지
> 시는도다. (시34:7)

그러면 우리는 사고를 어떻게 예측할 수 있는가?

내주하시는 성령께서 계속 사인을 주신다. (불길한 예감, 두려움)

그럴 때 계속 명령과 선포기도를 해야만 한다.

'예수 그리스도의 이름으로 명하노니 어둠의 세력과 죽음의 권세는 떠나갈 지어다!'

'이곳에 있는 모든 흑암의 세력과 죽음의 권세는 완전히 떠나간 것을 예수 그리스도의 이름으로 선포하노라!'

본인이 믿지 않는 사람이라면 믿는 가족이나 친지 또는 친구를 통해 기도하도록 사인(sign)을 보내신다.

그럴 때 사인을 받은 사람은 민감하고 신속하게 순종하고 기도해야만 한다.

다른 사람을 위해 기도할 때는 그 사람의 이름을 부르며 기도하면 된다. (예: 김 ○○에게 공격하는 …)성을 반드시 붙여야 한다.

> 우리의 싸우는 무기는 육신에 속한 것이 아니요 오직 어떤 견고한 진도 무너뜨리는 하나님의 능력이라. (고후10:4)

사고가, 났던 곳에서 자주 일어나는 이유는 영적으로 오염된 곳이기에 사탄의 세력이 진을 치고 더 강력하게 공격하기 때문이다.

사탄은 특히 예수 믿는 자들을 무너뜨리려고 혈안이 되어 있다.

여호와께서 사탄에게 이르시되 내가 그를 네 손에 맡기노라 다
만 그의 생명은 해하지 말지니라. (욥2:6)

나는 그동안 이 말씀 때문에 어느 누구도 하나님의 허락 없이는 생
명을 마음대로 해할 수 없다고 생각했었다. 그래서 참으로 이해가 안
되는 죽음들을 보면서 하나님의 뜻에 의혹을 품었었다.

그런데 이 말씀은 역으로 보면 사탄이 맘대로 생명을 해할 수도 있
다는 뜻이 들어 있다. 그렇기 때문에 하나님께서 특별히 그의 생명엔
손을 대지 못하도록 분부하신 것이라고 하셨다. 그것은 욥과 같이 하
나님의 계획에 의해 신실함을 시험받는 자에게만 해당된다.

그 외에 우리 모두는 생명을 위협하는 사탄의 공격에 노출되어 있
으므로 믿음의 전신갑주를 입고 예수님의 이름으로 대적하여 강력하
게 물리쳐야만 한다고 가르쳐 주셨다.

"도둑이 오는 것은 도둑질하고 죽이고 멸망시키려는 것뿐이요."
(요10:10)
"근신하라 깨어라 너희 대적 마귀가 우는 사자 같이 두루 다니
며 삼킬 자를 찾나니 너희는 믿음을 굳건하게 하여 그를 대적
하라 이는 세상에 있는 너희 형제들도 동일한 고난을 당하는
줄을 앎이라." (벧전5:8~9)
"마귀를 대적하라 그리하면 너희를 피하리라." (약4:7)

좋은 예로, 수년전 미국에서 한 여성이 괴한들에게 납치되었는데
조금 있다가 그냥 풀어주어서 집에 와보니 어머니가 그 시각 불길한

예감이 들어 딸을 위해 간절히 기도했다고 하는 이야기가 있다. 알고 보면 그런 경우가 우리나라에도 많을 것이다.

예수님 이름의 능력

작년 봄에 우리는 딸과 셋이 여행을 갔었다.

해남 땅 끝 마을에서 카페리를 타고 보길도에 들어가는데 비가 오니까 남편이 운전석 의자를 젖히고 누워 자면서 갔다.

보길도에 도착해서 의자를 올리려고 하는데, 오히려 일직선으로 펴지더니 아무리 올리려고 해도 올라오질 않아 할 수 없이 불편한 채로 운전을 하고 어렵게 콘도에 도착했다.

SOS서비스에 전화를 하니까 완도까지 나와야 서비스를 받을 수 있다고 해서, 남편이 주변의 카센터에 가 보았지만 밤인데다 센서 고장이라 부품도 없어 안 된다고 하여 그냥 왔다.

그런데 차에 가보고 오겠다던 딸이 15분이 지나도록 오지 않길래 내려갔더니, 딸이 오면서 나더러 차에 가보라고 했다.

가보니 시트가 거의 올라와서 납작한 쿠션 하나만 넣으면 운전하는 데 무리가 없을 것 같았다. 나는 또 잘못될까봐 손도 대지 못한 채 올라와서 물었다.

"어떻게 된 거니?"

"내가 조작버튼을 만지면서 '예수님! 우리 아빠 올라가실 때 5시간이나 운전하시는데 너무 힘들어서 안 돼요. 예수님 제발 도와주세요. 예수님 능력을 나타내주세요!' 이렇게 계속 기도하니까 어느 순간 슥! 하고 올라와서 나도 놀랬어요."

　다음날 남편은, 딸이 뒷자리에서 잘 때 쓰려고 베개를 두 개나 가지고 갔기에 하나를 사용하여 불편함 없이 운전하고, 날씨까지 화창하게 개어서 우리는 구경을 잘하고 왔다.
　나는 '우리 딸이 그렇게 간절히 기도하지 않았다면 어떻게 됐을까 딸이 나보다 낫구나!' 생각하며 대견스러웠다.

　예수님의 이름을 부를 때 천사가 움직이기 때문에, 예수님의 이름 자체가 그렇게 능력이 있다는 것을 절실히 깨달았다.
　사탄은 이렇게 따라다니며 믿음의 사람들을 시험하고 괴롭히고 있는 것이다.

> 시몬아, 시몬아, 보라 사탄이 너희를 밀 까부르듯 하려고 요구
> 하였으나 그러나 내가 너희를 위하여 네 믿음이 떨어지지 않기
> 를 기도하였노니 너는 돌이킨 후에 네 형제를 굳게 하라.
> (눅22:31~32)

　이럴 때 내주하시는 성령께서는 안타깝게 계속 신호를 보내신다.
　우리가 빨리 대처하도록 말씀을 하시거나 감동을 주신다.
　아니, 성령께서는 말씀을 하시지만 듣지 못하는 사람들은 감동으로

받게 되는 것이다.

성령님께 민감하게 반응해야 함

그럴 때 우리는 민감하게 반응할 줄 알아야 한다.

우리 딸에게도 그런 감동을 주셨기에 딸은 민감하게 순종했고 놀라운 경험을 하게 된 것이다.

이와 같은 경우의 좋은 예를 들어 보겠다.

7) 〈하나님과의 조우〉 중에서

하나님의 영이 무언가를 강력하게 권하는 것을 감지하게 되면 중요한 결과를 얻게 된다. 몇 해 전 교회에서 주관하는 학술대회에 참석한 적이 있다. 몇 명의 참가자가 늦게 도착했는데 이런 경험과 관련된 일 때문이었다. 오는 도중 날이 어두워졌고 산길을 다라 가파른 언덕길을 급하게 돌아가고 있었다. 급회전을 하던 중 운전사는 무언가 강한 느낌을 받게 되었는데 커브가 끝나는 산꼭대기 비상대기 장소 한 쪽에 차를 멈추어야만 할 것 같았다고 한다. 처음에는 그런 느낌을 무시했지만 그 느낌이 급속도로 강렬해져서 결국 한쪽으로 차를 비켜 세우게 되었다. 함께 타고 있던 승객들은 의아해서 어떤 문제로 차를 세우게 되었는지 묻기 시작했는데 긴박한 내면의 소리 외에는 달리 설명할 길이 없었다.

다른 승객들에게 설명을 하고 있는데 다른 차가 급하게 그들을 지나 코너를 돌아갔고 바로 크게 부딪치는 소리가 들려와 즉시 차에서 내려 코너를 돌아가 보았더니 대형트럭이 길 한복판을 가로 막고 있었다. 그것을 피할 수 없었던 다른 차의 운전사와 동승자들은 심각한 부상을 당했다. 목격자로서 진술하는 것을 돕고 경찰에서 받은 보고서 양식을 다 끝내고 나서야 학술대회 장소로 출발할 수 있었던 것이다. 그 운전사는 하나님이 자신에게 미리 위험을 알려주신 것에 대해 감사했지만 다음과 같은 의문이 생기게 되었다고 한다. "하나님, 왜 다른 차를 타고 있던 사람들에게는 경고하지 않으셨습니까?" 그랬더니 하나님께서는 다음과 같이 조용히 응답하셨다고 한다.

"나는 그렇게 했단다. 하지만 내가 하는 말을 듣지 않더구나."

하나님께 영광 돌리는 길

우리가 성령의 음성이나 뜻을 잘 감지하기 위해서는, 평소 묵상기도 가운데 성령님과 친밀한 교제를 하며 그분의 음성을 듣는 영성훈련이 되어있어야 한다.

그리스도인들이 위기에 처하기 전에 성령께서는 반드시 미리 사인(sign)을 주신다.

그럴 때 민감하게 대처하는 것은 평소에 자신이 쌓아온 영성훈련에 따라 나타나는 것이다.

그러나 사람들은 모든 일을 다 하나님의 뜻으로만 돌리려고 한다. 아니다! 하나님은 우리가 당당히 **'그리스도 예수의 이름'**으로 모든 사탄과 싸워 이기길 원하신다.

그것이 곧 하나님께 영광 돌려드리는 길이기에 우리가 그렇게 해주길 간절히 원하시는 것이다.

> 예수께서 무리가 달려와 모이는 것을 보시고 그 더러운 귀신을 꾸짖어 이르시되 말 못하고 못 듣는 귀신아 내가 네게 명하노니 그 아이에게서 나오고 다시 들어가지 말라 하시매 귀신이 소리 지르며 아이로 심히 경련을 일으키게 하고 나가니 그 아

이가 죽은 것 같이 되어 많은 사람이 말하기를 죽었다 하나 예수께서 그 손을 잡아 일으키시니 이에 일어서니라.

집에 들어가시매 제자들이 조용히 묻자오되 우리는 어찌하여 능히 그 귀신을 쫓아내지 못하였나이까.

이르시되 기도 외에 다른 것으로는 이런 종류가 나갈 수 없느니라 하시니라. (막9:25~29)

위의 본문 내용에서 그러면 제자들은 무엇을 했을까?

그들도 기도를 했을 것이라 짐작이 간다.

기도뿐이 다른 것을 할 수 있는 상황이 아니지 않는가!?

그렇다면 제자들과 예수님의 기도가 다른 점은 무엇이었을까?

제자들은 '하나님! 이 아이에게서 귀신을 쫓아내 주세요! 제발 좀 이 아이가 낫도록 도와주세요!'하는 간구기도를 했을 것이다.

그러나 예수님은 귀신을 꾸짖고 아이에게서 나오도록 명하고 다시 들어가지 못하도록 강하게 명령하셨다.

여기서 예수님이 말씀하신 기도는 바로 귀신에게 명령하는 대적기도를 이르는 것이다.

이 일 후에 일어난 다음 본문이 이 사실을 뒷받침 해주고 있다.

요한이 예수께 여짜오되 선생님 우리를 따르지 않는 어떤 자가 주의 이름으로 귀신을 내쫓는 것을 우리가 보고 우리를 따르지 아니하므로 금하였나이다. (막9:38)

예수를 믿지 않는 자라도 그의 이름으로 명하여 귀신을 내어 쫓았다는 것을 증명해주고 있다.

　다음은 피터 와그너 박사님의 도미니언 중에서 적어본다.

8) 6장. 새로운 현실: 이것은 전투를 의미한다.
　다행이도 우리는 하나님이 자신의 백성들로 하여금 실제적으로 전쟁에 참여하
여 대적들을 멸하시도록 인도하셨던 옛 언약의 때가 아닌, 새 언약의 때에 살고
있다. 새 언약과 더불어 예수님은 하나님의 나라를 이 땅에 가지고 오셨다. 우리
의 전투는 더 이상 육체적인 것이 아니라 영적인 것이다. 예수님은 이렇게 말씀하
셨다. "세례 요한의 때부터 지금까지 천국은 침노를 당하나니 침노하는 자는 빼앗
느니라." (마11:12) 우리가 수동적으로 머물러 있으면 이 땅을 다스릴 수 없다. 그
리스도의 몸인 우리가 공격적이 되고 원수에 대해서 전쟁을 선포할 때에만 우리는
진정으로 이 땅을 다스릴 수 있을 것이다!

하늘에서 지상으로
　이 같은 전쟁에 대한 우주적인 개관이 계시록 12장에 나타나 있다. 그 부분을
주의 깊게 살펴보자.

전쟁이 있다.
　"하늘에 전쟁이 있으니 미가엘과 그의 사자들이 용으로 더불어 싸울새 용과 그
의 사자들도 싸우나."(계12:7). 사단은 자신의 휘하에 강력한 악의 군대를 가지고
있음이 분명하다. 전쟁은 하늘에서 시작된다.

최종적인 승리는 확보되었다.
　"〈용과 그의 사자들이〉 이기지 못하여 다시 하늘에서 저희의 있을 곳을 얻지 못
한지라."(8절)

사단은 쫓겨났다.

"큰 용이 내어 쫓기니 옛 뱀 곧 마귀라고도 하고 사단이라고도 하는 온 천하를 꾀는 자라."(9절)

사단은 하늘에서 지상으로 전쟁의 장소를 옮긴다.
"땅으로 내어 쫓기니 그의 사자들도 저와 함께 내어 쫓기니라."(9절)

사단은 더욱 사나워진다.
"이는 마귀가 자기의 때가 얼마 못 된 줄을 알므로 크게 분 내어 너희에게 내려 갔음이라."(12절) 시간이 지남에 따라 원수가 더 맹렬해 지고 더 위험해 지리라는 사실은 당연한 일일 것이다.

사단은 하나님의 백성들과 전쟁을 치른다.
"용이 여자에게 분노하여 돌아가서 그 여자의 남은 자손 곧 하나님의 계명을 지키며 예수의 증거를 가진 자들로 더불어 싸우려고 바다 모래위에 섰더라.(17절) 만일 당신과 내가 예수 그리스도의 증거를 가지고 있다면 사단은 우리들을 대항하여 싸울 것이다. 우리는 전투하는 것을 좋아하지 않을 수도 있고 우리가 전투 가운데 있음을 부인할 수도 있다. 그러나 그렇다고 상황이 변하는 것은 아니다. 우리가 좋아하든 그렇지 않든 우리는 분명히 전쟁 가운데 있는 것이다.

특별히 선택 받은 자들

또한 하나님께서 특별히 쓰시기 위해 선택한 자들에게는 더 강력한 시험이 올 수도 있다.

다니엘이 그렇고 그의 세 친구가 좋은 예가 된다.

이들이 무슨 잘못을 했는가! 아니다 오히려 하나님을 더욱 신실히 믿은 일 외에는 아무 죄가 없지만, 그들은 그 이유로 사자굴과 평소보다 7배나 더 뜨거운 풀무 불에까지 들어가야만 했던 것이다.

다니엘이 이 조서에 왕의 도장이 찍힌 것을 알고도 자기 집에 돌아가서는 윗방에 올라가 예루살렘으로 향한 창문을 열고 전에 하던대로 하루에 세 번식 무릎을 꿇고 기도하며 그의 하나님께 감사하였더라. (단6:10)

이에 왕이 명령하매 다니엘을 끌어다가 사자 굴에 던져 넣는지라. 왕이 다니엘에게 이르되 네가 항상 섬기는 너의 하나님이 너를 구원하시리라 하니라. (단6:16)

누구든지 엎드려 절하지 아니하는 자는 맹렬히 타는 풀무불 가운데에 던져 넣음을 당하리라 하지 아니하셨나이까. 이제 몇 유다 사람 사드락과 메삭과 아벳느고는 왕이 세워 바벨론 지방을 다스리게 하신 자이거늘 왕이여 이 사람들이 왕을 높이지 아니하며 왕의 신들을 섬기지 아니하며 왕이 세우신 금신상에 절하지 아니하나이다. (단3:11~12)

사드락과 메삭과 아벳느고가 왕에게 대답하여 이르되 느부갓네살이여 우리가 이 일에 대하여 왕에게 대답할 필요가 없나이다. 왕이여 우리가 섬기는 하나님이 계시다면 우리를 맹렬히 타는 풀무불 가운데에서 능히 건져내시겠고 왕의 손에서도 건져내시리이다. 그렇게 하지 아니하실지라도 왕이여 우리가 왕의 신들을 섬기지도 아니하고 왕이 세우신 금 신상에게 절하지도 아니할 줄을 아옵소서. (단3:16~18)

이럴 때 우리의 상식적인 생각으로는 그들이 사자굴과 풀무 불에 들어가기 전에 구해주셔야 맞는 것이다.

그런데 하나님은 들어가기까지 아니! 그보다 더, 그리 아니 하실지라도 믿겠다는 그 믿음까지를 요구하시는 것이다.

그래야만 세상이 깜짝 놀랄 전능하신 하나님의 초자연적인 능력을 나타내실 수 있기 때문이다.

그 결과 이방신을 섬기는 느브갓네살 왕과 다리오 왕이 전능하신 하나님을 인정하지 않았는가!?

딸의 질문

우리 딸은 나와 함께 매일 예배를 드리는데 하루는 이런 질문을 했다.

"엄마! 친구들에게 전도를 하면, 기독교는 택함의 종교라서 하나님이 선택한 사람만 구원받는다는데, 모르고 믿다가 나중에 택함 받은 사람이 아니라고 구원받지 못하면 어떻게 하냐고 안 믿는데, 하나님한테 좀 물어봐요."

"그래! 엄마도 가끔 그게 의문이었어."

> 나를 보내신 아버지께서 이끌지 아니하시면 아무도 내게 올 수 없으니 오는 그를 내가 마지막 날에 다시 살리리라. (요6:44)

> 너희가 나를 택한 것이 아니요 내가 너희를 택하여 세웠나니 이는 너희로 가서 열매를 맺게 하고 또 너희 열매가 항상 있게 하여 내 이름으로 아버지께 무엇을 구하든지 다 받게 하려 함

이라. (요15:16)

곧 창세전에 그리스도 안에서 우리를 택하사 우리로 사랑 안에
서 그 앞에 거룩하고 흠이 없게 하시려고 그 기쁘신 뜻대로 우
리를 예정하사 예수 그리스도로 말미암아 자기의 아들들이 되
게 하셨으니. (엡1:4~5)

그래서 나는 하나님께 깊은 묵상 가운데 물었다.

"하나님! 정말 하나님께서 택한 사람만 구원을 받는 건가요?
만일 그렇다면 누가 택함을 받았는지 어떻게 알 수 있나요?"
그러자 다음과 같은 말씀들을 떠올려 주셨다.

그러므로 너희는 가서 모든 민족을 제자로 삼아 아버지와 아들
과 성령의 이름으로 세례를 베풀고 내가 너희에게 분부한 모든
것을 가르쳐 지키게 하라 볼지어다. 내가 세상 끝날 까지 너희
와 항상 함께 있으리라 하시니라. (마28:19~20)

또 이르시되 너희는 온 천하에 다니며 만민에게 복음을 전파하
라 믿고 세례를 받는 사람은 구원을 얻을 것이요 믿지 않는 사
람은 정죄를 받으리라. (막16:15~16)

또 그의 이름으로 죄 사함을 받게 하는 회개가 예루살렘에서
시작하여 모든 족속에게 전파될 것이 기록 되었으니 너희는 이
모든 일의 증인이라 (눅24:47~48)

하나님이 세상을 이처럼 사랑하사 독생자를 주셨으니 이는 그를 믿는 자마다 멸망하지 않고 영생을 얻게 하려 하심이라.

(요3:16)

택함 받은 자

하나님의 뜻은 모든 민족과 만민이 예수를 믿고 구원을 받는 것이며, 누구든지 복음을 듣고 믿어지면 구원을 받기 때문에 그 사람은 택함을 받은 자라고 말씀해 주셨다.

누구든지 주의 이름을 부르는 자는 구원을 받으리라. (행2:21)

내 아버지의 뜻은 아들을 보고 믿는 자마다 영생을 얻는 이것이니 마지막 날에 내가 이를 다시 살리리라 하시니라. (요6:40)

그러면 "아버지께서 이끌지 아니하시면 아무도 내게 올 수 없으니."(요6:44)란 말씀은 무슨 뜻인가요?

하나님 아버지의 말씀(성경)을 통해 그리스도에 대하여 듣고 배워 알게 된 사람 중에 믿어지는 사람은 예수님을 구주로 영접하고 그에게 나온다는 뜻이라고 말씀하셨다.

선지자의 글에 그들이 다 하나님의 가르치심을 받으리라 기록되었은즉 아버지께 듣고 배운 사람마다 내게로 오느니라. 이는 아버지를 본 자가 있다는 것이 아니니라. 오직 하나님에

게서온 자만 아버지를 보았느니라. (요6:45~46)

아버지께 듣고 배운다는 것이 하나님을 직접 만나 듣고 배우는 것이 아니고, 하나님을 본 사람은 예수님 밖에 없으며 우리는 성경을 통해 메시아 즉 구원자를 알게 된다는 말씀이다.

위의 본문에서 선지자의 글이란 이사야 54장 13절을 말하는 것인데 "네 모든 자녀는 여호와의 교훈을 받을 것이니 네 자녀에게는 큰 평안이 있을 것이며"라고 기록되어 있다.

우리가 예수님을 믿는 것 자체가 우리 쪽에서 하나님을 믿기로 선택한 것 같지만, 실은 성령께서 이미 우리 마음에 감동을 주시고 마음 문이 열리도록 역사를 하셨기 때문에 믿어지는 것이다. 그러므로 예수 믿는 사람들은 누구나 택함을 받았다고 해야 맞는 말이라고 하셨다.

이런 모든 계획을 하나님은 이미 창세전에 세워 놓으시고 하나하나 이루어 가고 계시는 것이다.

> 곧 창세전에 그리스도 안에서 우리를 택하사 우리로 사랑 안에서 그 앞에 거룩하고 흠이 없게 하시려고 그 기쁘신 뜻대로 우리를 예정하사 예수 그리스도로 말미암아 자기의 아들들이 되게 하셨으니. (엡1:4~5)

창세전에 세운 계획이란 인간들 개개인에 대한 구원계획이라기보다 인류 전체에 대한 계획을 말한다.

하나님께서는 영이시므로 먼 미래의 일까지도 모든 것을 다 보시기에 인간이 범죄 할 것을 미리 아시고 그럴 때 그리스도를 통해 구원하실 계획을 갖고 계셨지만, 그 보다 먼저 우리가 자원하는 심령으로 기쁘게 하나님 뜻에만 순종해 주길 바라셨던 것이다.

그러나 결국은 아담이 너무 쉽게 무너지므로 하나님이 예정하신대로 인간은 그리스도를 통해서만 구원받게 된 것이다.

<u>하나님은 영이시기에 과거, 현재, 미래를 한꺼번에 다 보신다.</u>

> 사랑하는 자들아 주께는 하루가 천 년 같고 천 년이 하루 같다는 이 한 가지를 잊지 말라 주의 약속은 어떤 이들이 더디다고 생각하는 것 같이 더딘 것이 아니라 오직 주께서는 너희를 대하여 오래 참으사 아무도 멸망하지 아니하고 다 회개하기에 이르기를 원하시느니라. (벧후3:8~9)

믿어지는 자와 믿어지지 않는 자

그러면 복음을 전했을 때 어떤 사람들이 받아들이고 믿게 되는 것일까?

신앙가문에서 성장하지 않은 대부분의 사람들은 처음부터 복음이 마음에 와 닿지 않는다.

그러나 꾸준한 관계전도 속에서 마음의 동요가 일고 의심이 조금씩 걷히면서 받아들여지기 시작하는 것이다.

이런 사람들은 누군가 그를 위해 아주 오래 전부터 열심히 기도하고 있는 사람들이라고 볼 수 있다.

그의 구원을 위해 누군가 기도의 씨앗을 심고 가꾸고 했기에, 성령께서 그의 마음에 감동을 주시며 믿음의 길로 이끌어 가시는 것이다.

이런 사람들 중에는 어느 날 자신의 능력에 한계를 느낄 때 스스로 하나님을 찾아가는 사람들도 있다.

반대로 끝내 구원받지 못하고 마는 사람들도 있는데, 그러면 이들은 살면서 한 번도 복음에 대해 들어 본 경험이 없어서일까? 아니다. 밀림 속이나 오지에 살고 있는 몇몇 부족들 외에, 현대문명의 사회에 살고 있는 사람들은 복음을 한 번도 들어 보지 못한 사람이 거의 없다고 한다.

어떠한 경로를 통해서든 예수 그리스도에 대해 듣고, 보고, 알고 있지만 믿어지지 않아서 못 믿는 사람들도 있는 것이다.

그렇다면 이들은 왜 그토록 믿어지지 않는 것일까?

회개의 중요성

그들은 (레위기18~20장)까지의 전문에 기록된 죄악들 중에 속한 죄를 그 조상들로부터 지어왔으나, 누군가가 그 죄악에서 돌이켜 간절히 회개하고 끊어내지 않았기 때문에, 대물림 되어 내려오는 죄악의 견고한 진이 무너지지 않아서이다.

그 죄악의 흔적을 통해 어둠의 세력들이 영을 사로잡고 그들의 영적 눈과 귀를 가리고 있기 때문인 것이다.

대답하여 이르시되 너희는 이 갈릴리 사람들이 이같이 해 받으므로 다른 모든 갈릴리 사람보다 죄가 더 있는 줄 아느냐. 너희에게 이르노니 아니라 너희도 만일 회개하지 아니하면 다 이와 같이 망하리라. 또 실로암에서 망대가 무너져 치어 죽은 열여덟 사람이 예루살렘에 거한 다른 모든 사람보다 죄가 더 있는 줄 아느냐. 너희에게 이르노니 아니라 너희도 만일 회개하지 아니하면 다 이와 같이 망하리라. (눅13:2~5)

만일 예수님을 믿기만 하면 모든 문제가 다 해결되는 것이라면 예수님께서 이렇게 말씀 하셨으리라.

'해 받는 저들이 다른 모든 사람보다 죄가 더 있는 줄 아느냐 아니라 너희도 만일 나를 믿지 아니하면 다 이와 같이 망하리라.'

그러나 예수님께서는 **회개하지 아니하면** 망한다고 하셨다.

물론 구원에 있어서 믿음은 필수조건이지만 그 믿음을 이끌어 내는 것이 진실한 회개인 것이다.

이처럼 회개가 중요한 것이므로 우리는 안 믿는 가족 친지 이웃을 위해 대신 회개하고 열심히 기도해야 하며, 때를 얻든지 못 얻든지 복음을 전해야 하는 것이다.

단지 그들의 구원을 위한 간구기도의 차원을 넘어, 회개기도(동일시 회개)를 했을 때 구원이 빨리 이루어지기 때문이다.

내가 너희에게 이르노니 이와 같이 죄인 한 사람이 회개하면 하늘에서는 회개할 것 없는 의인 아흔 아홉으로 말미암아 기뻐

하는 것보다 더하리라. (눅15:7)

내가 너희에게 이르노니 이와 같이 죄인 한 사람이 회개하면 하나님의 사자들 앞에 기쁨이 되느니라. (눅15:10)

대답하여 이르시되 네 마음을 다하며 목숨을 다하며 힘을 다하며 뜻을 다하여 주 너의 하나님을 사랑하고 또한 네 이웃을 네 자신 같이 사랑하라 하였나이다. (눅10:27)

구원 받은 강도의 비밀

그리고 하나님께서 예수님이 십자가에 달리셨을 때 좌우편에 있던 강도에 대해 놀라운 비밀을 풀어주셨다.

왼편 강도는 회개가 전혀 없었고 하나님과 예수님을 인정하지 않은 반면에, 오른편 강도는 자신의 **죄를 고백, 회개하고,** 죄 사함에 대한 **하나님의 절대 주권을 인정**하며, **예수님의 십자가 대속을 믿고, 구원을 간구**하였던 것이다.

달린 행악자 중 하나는 비방하여 이르되 네가 그리스도가 아니냐 너와 우리를 구원하라 하되. (눅23:39)

＊왼편 강도: 회개가 전혀 없고 오히려 예수님을 비방

하나는 그 사람을 꾸짖어 이르되 네가 동일한 정죄를 받고서도 하나님을 두려워하지 아니하느냐. (눅23:40)

＊오른편 강도:

  – 네가 동일한 정죄를 받고서도 (주님과 자신들이 같은 죄를 받은

    것): **자신의 죄를 고백, 예수님의 죄 없으심을 인정**

  – 하나님을 두려워하지 아니하느냐:

                            죄 사함에 대한 하나님의 절대주권을 인정함

    우리는 우리가 행한 일에 상당한 보응을 받는 것이니 이에 당
    연하거니와 이 사람이 행한 것은 옳지 않은 것이 없느니라 하
    고 (눅23:41)

  – 상당한 보응을 받는 것이니: **자신의 죄에 대한 회개**

  – 이 사람이 행한 것은 옳지 않은 것이 없느니라:

                       죄 없으신 예수님의 십자가 대속의 은혜를 믿음

    이르되 예수여 당신의 나라에 임하실 때에 나를 기억하소서.
                                          (눅23:42)

  – 당신의 나라(천국)에 임하실 때에 나를 기억 하소서:

                                 구원에 대한 간구

    예수께서 이르시되 내가 진실로 네게 이르노니 오늘 네가 나와
    함께 낙원에 있으리라 하시니라. (눅23:43)

  – 오늘 네가 나와 함께 낙원에 있으리라:

                          한없는 주님의 사랑으로 구원받음

*십자가상에서 6시간 만에 운명하는 것은 기적과 같다고 한다. 건강한 사람은 숨을 거두기까지 며칠씩 걸리기도 하는데 예수님께서 운명하시는 날에 이 강도의 영혼도 함께 거두어 가시므로 끔찍한 고통에서 빨리 벗어나게 은혜를 베푸신 것이다.

이토록 진정한 회개는 가늠할 수 없는 은혜를 덧입기도 한다.

하나님의 새로운 계절

하나님의 구속사적 계획 가운데, 뚜렷이 구분지어지는 연대기가 있는데 지금이 또 다른 새로운 계절로 접어든 시기라고 하셨다.

그 시즌이 어떤 것인지는 예언적 사역을 하시는 분들의 책을 보면 알 수 있다.

목회자들이나 교회지도자 되시는 분들은 『교회의 지각변동』과 『도미니언』(피터 와그너), 『메시아닉 교회가 오고 있다』(로버트 하이들러), 『하늘이 땅을 침노할 때』(빌 존슨), 『하늘법정기도』(로버트 핸더슨), 『일곱산을 꿈꾸는 자들』(조니 엔로우), 『더 깊은 기름부으심에 뛰어들라』(제롬 리버티) 이 책들을 반드시 읽어 보시라고 감히 권해드리고 싶다.

허리에 띠를 띠고 등불을 켜고 서 있으라.
너희는 마치 그 주인이 혼인집에서 돌아와 문을 두드리면 곧 열어주려고 기다리는 사람과 같이 되라.

주인이 와서 깨어 있는 것을 보면 그 종들은 복이 있으리로다. 내가 진실로 너희에게 이르노니 주인이 띠를 띠고 그 종들을 자리에 앉히고 나아와 수종들리라.

주인이 혹 이경에나 혹 삼경에 이르러서도 종들이 그같이 하고 있는 것을 보면 그 종들은 복이 있으리로다." (눅12:35~38)

또 무리에게 이르시되 너희가 구름이 서쪽에서 이는 것을 보면 곧 말하기를 소나기가 오리라 하나니 과연 그러하고 남풍이 부는 것을 보면 말하기를 심히 더우리라 하나니 과연 그러하니라.

외식하는 자여 너희가 천지의 기상은 분간할 줄 알면서 어찌 이 시대는 분간하지 못하느냐.

또 어찌하여 옳은 것을 스스로 판단하지 아니하느냐.

(눅12:54~57)

어떤 초신자의 3가지 질문

내가 전도한 사람 중에 작년에 세례 받고 주님과 첫사랑에 빠져 날마다 말씀을 묵상하며 기도하고 아주 예쁘게 신앙생활 하는 자매가 있다. 그는 궁금한 것도 많고 신기한 것도 많다.

그 자매는 여러 가지 질문을 하는데 그중에 대표적인 것 세 가지만 함께 나누려고 한다.

1. '왜 교회는 다 같은 하나님을 믿는데 여러 교파로 나뉘는가?'

2. '왜 하나님은 아벨의 제물은 받으시고 가인의 제물은 받지 않으셨나?'

   '어느 책을 보니까, 가인은 피의 제물을 드리지 않아서라고 하는데 그 말이 맞는가?'

3. '모세는 그렇게 순종하고 충성했는데, 왜 하나님은 모세를 가나안 땅에 못 들어가게 하셨나?

1번 질문: 왜 여러 교파로 나뉘는가?

이 질문을 받았을 때, 나는 '같은 김 씨라도 본이 다른 거와 마찬가지'라고, 평소 그러려니 짐작하고 있었던 생각으로 답변했지만, 그것이 진정 주님의 뜻인지 궁금해져서 하나님께 물었다.

"하나님! 교회들이 여러 교단과 종파들로 나뉘어 있는데 그것이 하나님의 뜻인가요?"
"그것은 너희 사람들이 만든 것이지 내가 가장 원하는 것은 교단, 종파, 인종, 문화, 국가를 초월하여 모두가 내(그리스도) 안에서 사랑으로 연합하는 것이니라."

모든 사람과 더불어 화평함과 거룩함을 따르라 이것이 없이는 아무도 주를 보지 못하리라. (히12:14)

본래 인간은 말과 언어가 하나인 한 형제자매들이었는데 바벨탑 사건으로 인해 전 세계로 흩어짐을 당하였고, 하나님처럼 높아지고자 했던 교만함에 대한 응징의 산물로 서로 다른 언어를 사용하게 된 것이기에, 우리 모두는 그리스도의 사랑으로 하나 되라고 하셨다.

온 땅의 언어가 하나요 말이 하나였더라. (창11:1)

또 말하되 자, 성읍과 탑을 건설하여 그 탑 꼭대기를 하늘에 닿게 하여 우리 이름을 내고 온 지면에 흩어짐을 면하자 하였더니 여호와께서 사람들이 건설하는 그 성읍과 탑을 보려고 내려 오셨더라. 여호와께서 이르시되 이 무리가 한 족속이요 언어도 하나이므로 이같이 시작하였으니 이 후로는 그 하고자 하는 일을 막을 수 없으리로다. 자, 우리가 내려가서 거기서 그들의 언어를 혼잡하게 하여 그들이 서로 알아듣지 못하게 하자 하시고 여호와께서 거기서 그들을 온 지면에 흩으셨으므로 그들이 그 도시를 건설하기를 그쳤더라. 그러므로 그 이름을 바벨이라 하니 이는 여호와께서 거기서 온 땅의 언어를 혼잡하게 하셨음이니라 여호와께서 거기서 그들을 온 지면에 흩으셨더라. (창11:4~9)

하나님께서는 다양성은 인정하시되 파당 짓고, 분리되며, 배척하고, 투쟁하는 것을 원치 않으시고 사랑으로 연합하길 무엇보다 바라고 계신다며 다음 찬양을 주셨다.

인류는 하나!

우리는 하나님의 자녀 인류는 하나라
같은 하늘 아래 있는 열방은 하나라
창조의 하나님! 사랑의 예수님!
통치하소서. 다스리소서. 주님의 권능으로

그 누가 대적하리. 부활하신 주님을

승리하리라. 연합하리라.

그리스도의 사랑으로, 그리스도의 사랑으로

그리스도의 사랑으로!

요즘에 지구촌이라는 말들을 많이 하는데 바로 지구전체가 다 한 마을이라는 뜻이지 않는가?

창조주 하나님 아래서 우리 모두는 피조물이며, 특히 인간은 누구나 하나님의 DNA를 지닌 한 핏줄인 것이다.

그리고 하나님은 천지창조를 하실 때 왜 제일 먼저 "빛이 있으라." 선포하셨는지 그 이유를 말씀해 주셨다.

"하나님이 이르시되 빛이 있으라 하시니 빛이 있었고."

(창1:3)

빛이신 예수님이 우리들의 구원자이시며 우주만물의 주인 되시기에, 하나님께서 천지창조를 하실 때 제일 먼저 **'빛이 있으라.' 선포 하신 것**이라고 말씀하셨다.

우리들이 이사를 가거나 새집으로 입주할 때, 제일 먼저 주인이 들어가서 가구 등을 배치할 장소에 놓도록 지시하는 것처럼, 만물의 주인 되신 예수님을 제일 먼저 빛으로 있게 하신 것이다.

빛이신 하나님께서 우주만물의 주인으로 먼저 자리를 잡으신 것이다. 대속의 주로 오실 예수님이 주인이시기에, 빛으로 우주 전체에 편재해 계시면서 다른 피조물들을 창조하신 것이다.

세상의 빛이신 주님

만물이 그로 말미암아 지은바 되었으니 지은 것이 하나도 그가 없이는 된 것이 없느니라. 그 안에 생명이 있었으니 이 생명은 사람들의 빛이라 빛이 어둠에 비치되 어둠이 깨닫지 못하더라.
(요1:3~5)

참 빛 곧 세상에 와서 각 사람에게 비추는 빛이 있었나니.
(요1:9)

예수께서 또 말씀하여 이르시되 나는 세상의 빛이니 나를 따르는 자는 어둠에 다니지 아니하고 생명의 빛을 얻으리라.
(요8:12)

내가 세상에 있는 동안에는 세상의 빛이로라. (요9:5)

너희에게 아직 빛이 있을 동안에 빛을 믿으라. 그리하면 빛의 아들이 되리라. (요12:36)

나는 빛으로 세상에 왔나니 무릇 나를 믿는 자로 어둠에 거하
지 않게 하려 함이로라. (요12:46)

그러므로 빛을 누리며 사는 모든 생물들은, 빛의 본체이시며 주인
되시는 하나님을 섬기고 순종하며 그리스도의 사랑으로 하나 되어 사
는 것이 마땅하다.

거짓 그리스도인들을 멀리해야 함

그러나 반드시 주의해야 할 것은, 예수님 외에 다른 그 무엇을 통해
서도 구원은 없으므로, 그리스도를 부인하며 자칭 재림예수라 주장하
는 이단에 속한 자들을 조심해야 한다.

다른 이로써는 구원을 받을 수 없나니 천하사람 중에 구원을
받을 만한 다른 이름을 우리에게 주신일이 없음이라 하였더라.
(행4:12)

그들은 광명의 천사로 가장한 사탄의 일꾼들이기에 그들에게 미혹
되지 않으려면 그들을 멀리 하는 것이 합당하다.

사탄도 자기를 광명한 천사로 가장하나니 (고후11:14)

사랑하는 자들아 영을 다 믿지 말고 오직 영들이 하나님께 속
하였나 분별하라 많은 거짓 선지자가 세상에 나왔음이라.
(요일4:1)

그러나 어리석은 변론과 족보 이야기와 분쟁과 율법에 대한 다툼은 피하라 이것은 무익한 것이요 헛된 것이니라.
이단에 속한 사람을 한두 번 훈계한 후에 멀리하라.
이러한 사람은 네가 아는 바와 같이 부패하여 스스로 정죄한 자로서 죄를 짓느니라. (디도서3:9~11)

만약 친척이나 아는 사람 중에 이단에 빠진 사람이 있다면 그를 위해 '거듭남의 기도'로 작정기도를 한 뒤에 만나서 설득하는 것이 가장 효과적이다.

우리가 그들을 긍휼이 여기며 그 영혼을 사랑하긴 해야 하지만, 너무 강하게 부정하며 나올 때는 더 이상 함께하지 아니하는 것이 현명하다.

2번 질문: 왜 가인의 제물은 받지 않으셨나?

이 질문의 답은 창세기4장3~7절에 잘 나와 있다.

하나님께 감사하는 마음과 정성으로 드리지 않은 가인

세월이 지난 후에 가인은 땅의 소산으로 제물을 삼아 여호와께 드렸고 아벨은 자기도 양의 첫 새끼와 그 기름으로 드렸더니 여호와께서 아벨과 그의 제물은 받으셨으나 가인과 그의 제물

은 받지 아니하신지라 가인이 몹시 분하여 안색이 변하니 여호
와께서 가인에게 이르시되 네가 분하여 함은 어찌 됨이며 안색
이 변함은 어찌됨이냐 네가 선을 행하면 어찌 낯을 들지 못하
겠느냐 선을 행하지 아니하면 죄가 문에 엎드려 있느니라. 죄
가 너를 원하나 너는 죄를 다스릴지니라. (창4:3~7)

가인이 피의 제사를 드리지 않아서가 아니라, (레위기2장) 을 보면
가인의 제물이나 아벨의 제물이나 하나님이 모두 열납하시는 제물이
었으며, 이때는 하나님께서 특별히 피의 제사를 드리라는 말씀도 없
으셨다.

3절에 세월이 지난 후에 가인은 땅의 소산으로 제물을 드렸다고 했
지 첫 소출이란 말이 없다.

그러나 4절에서 아벨은 양의 첫 새끼로 제물을 드렸다고 했다.

여기서 세월이 지난 후에 라는 말에 주목할 필요가 있다.

아벨은 양을 길러 첫 새끼 낳기만을 기다려서 그것을 하나님께 드
렸는데, 가인은 동생이 하나님께 제물을 드리자 그제야 자기도 마지
못해 드렸다는 것을 짐작할 수 있다.

양은 새끼를 2살 때부터 낳게 되는데, 그러면 가인은 적어도 1년 이
상 2년 동안 하나님께 제물을 드리지 않았다고 봐야한다.

땅의 소출은 길어야 6개월이 지나면 첫 수확을 하는데, 만약 몇 개
월 후에 드렸다면 세월이 지난 후에 라고 하지 않고 시간이 흐른 뒤에
라고 표현했을 것이다.

하나님은 제물보다 그것을 드리는 사람의 마음을 더 중요하게 생각하시고 받으시는 것이다.

이와 같은 사실을 "여호와께서 <u>아벨과 그의 제물은</u> 받으셨으나 <u>가인과 그의 제물은 받지 아니하신지라</u>"하는 성경의 말씀이 잘 뒷받침해주고 있다.

＊사실 하나님께서는 자녀들의 사랑하는 마음을 받는 것 외에 아무것도 필요하지 않으시기 때문이다.

<u>아벨은 하나님이 창조주이심을 믿음으로 모든 것이 하나님께로부터 왔기에 감사하는 마음에서 정성을 다해 드렸던 것이다.</u>

> 믿음으로 아벨은 가인보다 더 낳은 제사를 하나님께 드림으로 의로운 자라 하시는 증거를 얻었으니 하나님이 그 예물에 대하여 증언하심이라 그가 죽었으나 그 믿음으로써 지금도 말하느니라. (히11:4)

회개할 기회를 주셨는데도 불순종한 가인

또한 몹시 분하여 안색이 변한 가인에게 하나님께서는 회개하도록 촉구하시며 기회를 주셨다.

> 선을 행하지 아니하면 죄가 문에 엎드려 있느니라 죄가 너를
> 원하나 너는 죄를 다스릴지니라. (창4:7)

그러나 가인은 하나님의 말씀에 순종하지 아니하고 동생 아벨을 들로 불러내어 쳐 죽이고 만다.

가인은 하나님께서 제물을 받지 않으신 것이 자신의 잘못된 마음과 행동에서 비롯된 것임을 지적하셨음에도 깨닫지 않고, 오히려 동생 때문에 하나님의 사랑을 받지 못한다는 왜곡된 생각과 열등의식을 갖고 결국 죄의 덫에 걸려 살인까지 저지른 것이다.

이런 일들이 요즘도 얼마나 많이 일어나고 있는가?
참으로 안타까운 일이다.

가인에게 자비를 베푸시는 하나님

사랑의 대상인 동생을 죽인 가인이지만 그가 하나님께 간청하자 그래도 하나님은 그에게 표를 주어 죽임을 면하도록 자비를 베푸신다. 가인의 모습이 오늘날 우리들의 모습은 아닌지……!

> 가인이 여호와께 아뢰되 내 죄벌이 지기가 너무 무거우니이다.
> 주께서 오늘 이 지면에서 나를 쫓아내시온즉 내가 주의 낯을
> 뵈옵지 못하리니 내가 땅에서 피하며 유리하는 자가 될지라 무
> 릇 나를 만나는 자마다 나를 죽이겠나이다. 여호와께서 그에게

이르시되 그렇지 아니하다 가인을 죽이는 자는 벌을 칠 배나 받으리라 하시고 가인에게 표를 주사 그를 만나는 모든 사람에게 죽임을 면하게 하시니라. (창4:13~15)

3번 질문: 모세는 왜 가나안 땅에 못 들어갔나?

모세가 가나안 땅에 들어가지 못한 이유를 하나님께서 반석을 지팡이로 한 번 치라고 하셨는데 두 번 쳤기 때문이라고 잘못 알고 있는 분들이 목회자들 중에도 의외로 많이 있다.

하지만 그것은 절대로 아니라는 사실을 밝히라고 하셨다.
그리고 모세의 중요한 실수 두 가지를 말씀해 주셨다.

이스라엘 백성들이 신 광야에 이르렀을 때 물이 없으므로 모세와 아론에게 온갖 불평과 불만을 늘어놓으며 항의한다.

첫째 달에 이스라엘 자손 곧 온 회중이 신 광야에 이르러 백성이 가데스에 이르더니 미리암이 거기서 죽으매 거기에 장사되니라. 회중이 물이 없으므로 모세와 아론에게로 모여드니라. 백성이 모세와 다투어 말하여 이르되 우리 형제들이 여호와 앞에서 죽을 때에 우리도 죽었더라면 좋을 뻔하였도다. 너희가 어찌하여 여호와의 회중을 이 광야로 인도하여 우리와 우리 짐승이 다 여기서 죽게하느냐. 너희가 어찌하여 우리를 애굽에서 나오게 하여 이 나쁜 곳으로 인도하였느냐 이곳에는 파종할 곳

이 없고 무화과도 없고 포도도 없고 석류도 없고 마실 물도 없
도다. (민20:1~5)

그러자 하나님께서 모세에게 회중을 모으고 그들의 목전에서 반석에
게 명령하여 물을 내라고 하시지만 모세는 분노하며 지팡이로 두 번 친
다. 그 결과 하나님을 믿지 아니하고 하나님의 거룩함을 나타내지 아니
했다고 모세와 아론은 가나안 땅에 들어가지 못한다고 명령하셨다.

여호와께서 모세에게 말씀하여 이르시되
지팡이를 가지고 네 형 아론과 함께 회중을 모으고 그들의 목
전에서 너희는 반석에게 명령하여 물을 내라 하라 네가 그 반
석이 물을 내게 하여 회중과 그들의 짐승에게 마시게 할지니라.
모세가 그 명령대로 여호와 앞에서 지팡이를 잡으니라.
모세와 아론이 회중을 그 반석 앞에 모으고 모세가 그들에게
이르되 반역한 너희여 들으라. 우리가 너희를 위하여 이 반석
에서 물을 내랴 하고 모세가 그의 손을 들어 그의 지팡이로 반
석을 두 번 치니 물이 많이 솟아 나오므로 회중과 그들의 짐승
이 마시니라. 여호와께서 모세와 아론에게 이르시되 너희가 나
를 믿지 아니하고 이스라엘 자손의 목전에서 내 거룩함을 나타
내지 아니한 고로 너희는 이 회중을 내가 그들에게 준 땅으로
인도하여 들이지 못하리라 하시니라 이스라엘 자손이 여호와
와 다투었으므로 이를 므리바 물이라 하니라 여호와께서 그들
중에서 그 거룩함을 나타내셨더라. (민20:7~13)

나는 이때 모세의 심정을 충분히 이해하고도 남는다.

늘 하나님의 은혜와 기적 속에 살면서도 어떠한 문제가 생겼을 때 합력해서 기도하기보다는, 불평불만을 앞세우는 이스라엘 백성들이 얼마나 때리고 싶도록 미웠으면 그 누구보다도 온유한 사람 모세가 반석을 두 번이나 쳤겠는가!

"이 사람 모세는 온유함이 지면의 모든 사람보다 더 하더라"
(민12:3)

반석을 치라고 말씀하시는 이와 비슷한 사건이 (출애굽기17:1~7)에 나오지만 그것은 완전히 다른 사건인데 같은 사건으로 혼동해서 알고 있는 경우가 많다. 출애굽기 사건은 르비딤에 이르렀을 때이고 민수기 사건은 가데스에 이르렀을 때이다.

하나님의 계획을 간과한 모세

그러나 모세는 이때 아주 중요한 새로운 하나님의 계획을 간과하고 말았던 것이다.

지금까지는 하나님이 물리적인 힘을 통해 자연에게 역사하시므로 하나님께 순복하는 모습만 보여 주셨는데(예: 지팡이를 내밀고, 쳤을 때 홍해가 갈라짐, 나일 강이 피로 변함 등), 이제 하나님께서는 **말씀 한마디에도 자연이 순복하는 창조적 능력**을 경험케 하시려는 계획이셨다. 그래서 모든 자연을 하나님이 **말씀으로 창조**하셨다는 사실을 확인 시키시려고 하셨던 것이다.

(8절에서 단순히 '지팡이를 가지고' 라는 표현에 주목)

그러나 모세는 지금까지 한 번도 경험해보지 아니한 일이기에 자기가 잘못 들었나 생각하고 익숙한 방법을 선택했을 수도 있다.

그 일이 결국 하나님을 믿지 못하고 불순종한 결과가 되어 노하기를 더디 하시는 자비의 하나님 마음을 돌이킬 수없이 만들었다. 그리하여 그토록 들어가고 싶었던 가나안 땅을 포기해야만 하는 억울한 결과를 초래한 것이다.

우리에게는 늘 변화를 두려워하며 익숙함에 안주하고 싶어 하는 용기 없는 안전주의가 문제이다.

"여호와께서 모세와 아론에게 이르시되 너희가 나를 믿지 아니하고 이스라엘 자손의 목전에서 내 거룩함을 나타내지 아니한 고로 너희는 이 회중을 내가 그들에게 준 땅으로 인도하여 들이지 못하리라 하시니라." (민20:12)

우리가 하나님의 초자연적인 능력의 실체를 경험하기 위해서는 익숙한 것, 상식적인 것을 뛰어 넘어야만 하는 용기가 필요하다.

하나님의 거룩함을 나타내지 않은 모세

그리고 모세는 여기서 마치 자신이 물을 내는 것처럼(우리가 너희를 위하여……) 분노와 함께 자기 의를 드러내려는 또 다른 잘 못을 저지르고 말았다.

> "모세와 아론이 회중을 그 반석 앞에 모으고 모세가 그들에게
> 이르되 반역한 너희여 들으라. 우리가 너희를 위하여 이 반석
> 에서 물을 내랴 하고." (민20:10)

이런 모세에게 하나님은 거룩함을 나타내지 않았다고 책망하셨다.
'거룩'은 히브리어로 **'코데쉬'(kodesh)**인데 **'잘라냄, 분리함'**을 의미한
다. 원래 **거룩은 하나님께만 있는 성품**으로 모든 피조물과 완전히 다
르게 구별됨을 말하는 것이다. (비전성경사전)
<u>모세가 인간적인 생각을 잘라내고 분리시켜 온전히 하나님의 속성
인 **거룩함**만을 나타내길 원하셨던 것이다.</u>

그러나 사랑의 하나님은 모세와 아론을 가나안땅에만 들어가지 못
하게 하셨지, 그들에게 하나님께서 사람한테 주신 수명 120세까지 건
강하게 사는 복을 허락하셨던 것이다.

> 여호와께서 이르시되 나의 영이 영원히 사람과 함께 하지 아니
> 하리니 이는 그들이 육신이 됨이라 그러나 그들의 날은 백이십
> 년이 되리라 하시니라. (창6:3)

> 여호와께서 에돔 땅 변경 호르산에서 모세와 아론에게 말씀하
> 시니라 이르시되 아론은 그 조상들에게로 돌아가고 내가 이스
> 라엘 자손에게 준 땅에는 들어가지 못하리니 이는 너희가 므리

바 물에서 내 말을 거역한 까닭이니라. 너는 아론과 그의 아들 엘르아살을 데리고 호르 산에 올라 아론의 옷을 벗겨 그의 아들 엘르아살에게 입히라 아론은 거기서 죽어 그 조상에게로 돌아가리라.

모세가 여호와의 명령을 따라 그들과 함께 회중의 목전에서 호르 산에 오르니라. 모세가 아론의 옷을 벗겨 그의 아들 엘르아살에게 입히매 아론이 그 산 꼭대기에서 죽으니라 모세와 엘르아살이 산에서 내려오니 온 회중 곧 이스라엘 온 족속이 아론이 죽은 것을 보고 그를 위하여 삼십일 동안 애곡 하였더라.

(민20:23~29)

이때 아론의 나이가 123세였지만 어디 아픈 곳이 있다는 내용이 없다. 그러나 하나님은 이제 8개월 후면 가나안 땅에 들어가야 되기에 하나님의 명령에 따라 건강한 그를 데려가신 것이다.

이스라엘 자손이 애굽 땅에서 나온 지 사십 년째 오월 초하루에 제사장 아론이 여호와의 명령으로 호르산에 올라가 거기서 죽었으니 아론이 호르산에서 죽던 때의 나이는 백이십삼 세였더라. (민33:38~39)

그뿐 아니라 모세도 그해 11월에 120세의 나이지만 눈도 흐리지 않았고 기력이 쇠하지 아니한 상태로 가나안을 목전에 둔 채 하나님의 명령대로 데려가셨다.

새로운 시대를 준비하시는 하나님

형 아론을 6개월 전에 데려가시고 새로운 시대를 위해 서서히 그러나 한 치의 오차도 없이 준비하고 계시는 하나님을 보라!

> 마흔째 해 열한째 달 그 달 첫째 날에 모세가 이스라엘 자손에게 여호와께서 그들을 위하여 자기에게 주신 명령을 다 알렸으나. (신1:3)
> 여호와께서 그에게 이르시되 이는 내가 아브라함과 이삭과 야곱에게 맹세하여 그의 후손에게 주리라 한 땅이라 내가 네 눈으로 보게 하였거니와 너는 그리로 건너가지 못하리라 하시매 이에 여호와의종 모세가 여호와의 말씀대로 모압 땅에서 죽어 벳브올 맞은편에 장사되었고 오늘까지 그의 묻힌 곳을 아는 자가 없느니라.
> 모세가 죽을 때 나이 백이십 세였으나 그의 눈이 흐리지 아니하였고 기력이 쇠하지 아니하였더라. (신34:4~7)

광야생활 40년을 마무리하기 한 달 앞두고 하나님은 새 시대의 새로운 지도자 여호수아에게 출애굽 2,3세대들, 이스라엘 후손들을 맡길 준비를 철저하게 하신 것이다.

> 모세가 눈의 아들 여호수아에게 안수하였으므로 그에게 지혜의 영이 충만하니 이스라엘 자손이 여호와께서 모세에게 명령하신대로 여호수아의 말을 순종하였더라. (신34:9)

이스라엘 백성들이 모세와 함께했던 광야생활을 마치고 새로운 지도자 여호수아를 따라 가나안 땅으로 들어가는 것처럼, 그리스도인들에게는 지금이 새로운 시대로 접어든 시기라고 말씀하셨다.

말씀의 오류를 범하는 사람들

노아가 방주를 만든 기간

내가 오래전 어린 신자일 때 어느 목사님이 노아가 방주를 120년 동안이나 만들었다고 해서 성경을 아무리 찾아봐도 그 내용이 없었다. 그래도 목사님 말씀이니까 맞겠지 하고 믿어왔다.

또 어떤 권사님은 그 내용을 TV에서 보았던 것 같다고 했다.

그런데 나는 불과 1년 전에 성경에서 노아가 방주를 만든 년 수를 찾아 낼 수 있었다.

그동안 수없이 성경을 읽었지만 그냥 궁금함 없이 받아들였기에 발견하지 못했던 사실을, 하나님께서 계시를 열어 주시니까 깨달아지고 보이게 된 것이다.

그것이 또한 큐티의 결과요 열매이리라!

노아는 오백 세 된 후에 셈과 함과 야벳을 낳았더라. (창5:32)

이것이 노아의 족보니라 노아는 의인이요 당대에 완전한 자라 그는 하나님과 동행하였으며 세 아들을 낳았으니 셈과 함과 야벳이라. 그 때에 온 땅이 하나님 앞에 부패하여 포악함이 땅에 가득한지라. 하나님이 보신즉 땅이 부패하였으니 이는 땅에서 모든 혈육 있는 자의 행위가 부패함이었더라. 하나님이 노아에게 이르시되 모든 혈육 있는 자의 포악함이 땅에 가득함으로 그 끝 날이 내 앞에 이르렀으니 내가 그들을 땅과 함께 멸하리라. 너는 고페르 나무로 너를 위하여 방주를 만들되 그 안에 칸들을 막고 역청을 그 안팎에 칠하라. (창6:9~14)

노아가 여호와께서 자기에게 명하신대로 다 준행 하였더라.
홍수가 땅에 있을 때에 노아가 육백 세라. (창7:5~6)

노아는 오백세 후에 아들 세 명을 낳았고 그 뒤에 방주를 만들도록 하나님께 명령을 받았다.

노아가 순종을 하여 배를 다 만들자 홍수가 있게 하셨다.

그때가 육백세 인데 오백세 이후에 세 아들을 낳았고 막내아들 야벳을 낳고난 뒤에 명령을 받았기 때문에 두 살 터울로 친다고 해도 96년간이고 아무리 길어도 백년 이내에 만든 것이다.

그런데 무엇을 근거로 120년 동안 방주를 만들었다고 하는지 궁금하다.

혹시 다음 말씀을 가지고 그러는 것은 아닌지 모르겠지만 이 말씀은 분명히 사람들의 수명을 정해주신 것이라고 하셨다.

말씀의 오류를 범하는 사람들

여호와께서 이르시되 나의 영이 영원히 사람과 함께 하지 아니
하리니 이는 그들이 육신이 됨이라 그러나 그들의 날은 백이십
년이 되리라 하시니라. (창6:3)

가나안에 왜 정탐꾼을 보냈나?

어디 그 뿐인가! 혹자는 모세가 왜 가나안에 정탐꾼을 보냈는가? 가
나안에 들어가라고 하셨으면 그냥 가면 되는 것이지, 정탐꾼을 보낸
것 자체가 잘못 되었다고 주장하는 사람이 있다고 들었다.

많은 사람들이 하고 있는 큐티 교재에 나왔다니 더 충격적이다.

모세는 분명히 하나님의 말씀에 따라 순종했던 것이다.

그리고 우리가 상식적으로 생각을 해도 '지피지기'(적을 알고 나를
알면 백전백승)이란 말이 있듯이 정탐은 전술에 있어서 필수 요소 중
하나이다.

여호와께서 모세에게 말씀하여 이르시되 사람을 보내어 내가
이스라엘 자손에게 주는 가나안 땅을 정탐하게 하되 그들의 조
상의 가문 각 지파 중에서 지휘관 된 자 한사람씩 보내라.
(민13:1~2)

하나님이 정탐꾼을 먼저 보낸 이유는 지리적 상황을 파악하라는 뜻
이었다.

그 땅이 어떠한지 정탐하라 곧 그 땅 거민이 강한지 약한지 많
은지 적은지와 그들이 사는 땅이 좋은지 나쁜지와 사는 성읍이
진영인지 산성인지와 토지가 비옥한지 메마른지 나무가 있는

지 없는지를 탐지하라 담대하라 땅의 실과를 가져오라 하니 그
때는 포도가 처음 익을 즈음이었더라. (민13:18~20)

그리고 그들이 현상을 보지말고, 그들보다 앞서 행하시며 대신 싸
워 이기시는 하나님의 능력을 믿고 바라보며 앞으로 전진하기만을 바
라셨기 때문이다. (신9:3)

이 사건은 (신1:21~23)에 다시 나오는데, 모세가 38년이 지난뒤 이
스라엘 백성들에게 옛날 일들을 회상하며 설교하는 내용이다.

* 민수기의 정탐꾼 사건: 출애굽 2년에 일어난 실제사건(민10:11~
  12, 13:3)
* 신명기의 기록: 40년 광야생활 마무리를 한달 앞둔 모세의 마지막
  설교(신1:3)

그런데 오랜 세월이 흘러서 모세의 기억력이 흐려졌는지 실제상황
이었던 민수기와 달리 하나님의 말씀에 따라 정탐꾼을 보냈다는 내용
이 없다.

이스라엘 백성들의 요청을 좋게 여겨 모세 자신이 보낸 것으로 기
록하고 있다.(신1:21~23)

두 성경 말씀 중에 우리는 실제사건 이었던 민수기의 말씀에 더 신
빙성을 두어야 할 것이다.

누구나 자기 의견을 가질 수는 있으나, 성경말씀을 정확하지도 않
은 자신의 추측만으로 쉽게 말하는 것은 참으로 위험한 일이라고 생
각한다. 믿지 않는 자들이나 성경적 지식이 부족한 사람들에게는, 하

나님의 말씀과 뜻을 잘못 이해하게 하는 커다란 오류를 범하는 것이기 때문에 신중하라고 권하고 싶다.

> 그런즉 너희의 자유가 믿음이 약한 자들에게 걸려 넘어지게 하는 것이 되지 않도록 조심하라. (고전8:9)

또한 받아들이는 사람들도 무조건 수용할 것이 아니라, 그 내용 을 성경에서 확인하고 앞뒤문맥을 잘 살펴서 하나님의 뜻을 분별하며 받아들이는 것이 중요하다고 생각한다.

지금까지의 내용들을 읽으시면서 수긍하고 싶지 않은 부분도 있겠고, 아직 마음에 와 닿지 않는 부분도 있으시리라고 본다.

그러나 분명히 말씀드릴 수 있는 것은 내 개인의 생각을 기록한 것이 아니라는 사실이다.

처음부터 하나님의 인도하심에 따라 책을 쓰게 되었고, 내용을 전개 했을 뿐 아니라, 단어선별 하나하나에도 성령님께서 친히 개입 하셨음을 밝히고 싶다.

놀라운 확증

나는 이번 4월 4~7일까지 엘리스 스미스 목사님의 WLI 인텐시브 코스에 참석하여 강의를 듣는 내내 전율하면서 들었다.

성령님이 '거듭남의 기도'를 주실 때 말씀하신 내용들을 거의 그대로 설명하고 있었기 때문이다.

무엇보다도 강의안 겉표지에 그려진 쇠사슬이 파쇄된 그림을 보면서 놀랐고, 요새(견고한 진)에 대한 내용(p8~9)이 비슷함을 느꼈다. 뿐만 아니라 악수를 할 때의 자세에 대해서, 그리고 간략 하게지만 나면서부터 소경이었던 자에 대한 말씀까지 언급할 때는 '성령님께서 이토록 세밀히 확증해 주시는구나!'하고 소름이 돋을 정도였다.

또 마지막에 다함께 선포했던 '자유 선언문'의 내용과 순서는 '거듭남의 기도문'과 다르지만 같은 맥락이며 6단계로 나눈 것까지 같아서 정말 놀라웠고 감사했다.

그리고 권 장희(놀이미디어 교육센터) 소장님의 '게임 중독에 빠진 아이들, 밖에서 영적으로 오염되며 공격받고 오는 아이들을 위해 물리치는 기도를 해야 한다.'는 말씀도 우리 자녀들에게 이 기도가 얼마나 중요한지 뒷받침 해주는 내용이라고 생각했다.

세밀하게 이끄시는 하나님

이렇게까지 하나님께서 확증해 주시는 이유가, 사실 이 책을 쓰면서 몇 번 주저앉아 있었는데, 그때마다 성령님이 다시 용기를 주시고 일으켜 세우시며 글을 풀어 나가셔서 여기까지 온 것이다.

내가 남들처럼 유명하지도 않고, 그렇다고 어떤 분야에서 뛰어나게 두각을 나타낸 사람도 아닌데, 단지 성령님의 인도하심에 따라 글을 쓰긴 했지만 자신감보다 두려움이 앞설 때도 많았다.

엘리스 목사님 강의에 참석하기 전까지 거의 마무리 단계였는데, 사탄의 공격이 얼마나 심한지 너무 힘든 상태에서 갔던 것이다. 그러기에 용기를 주시고 성령님의 계획 이었음을 알리려고 그렇게까지 확증해 주셨다는 생각이 든다.

특히 등과 목을 공격해서 워드를 치지 못하게 하거나, 잘 되던 컴퓨

터가 갑자기 고장 나서 힘들게 쓴 내용이 다 날아가게 하였다. 이렇게 사탄의 공격이 심한 것만 봐도, 이 책의 내용이 그들에게 강력한 영향력을 미칠 것이 분명하다고 느껴진다.

하나님께서는 작년 하반기(2010)부터 간증문과 함께 계속 책을 쓸 준비를 하라고 말씀하셨다.

지금 흑암의 세력들이 성도들의 가정을 파괴시키고, 어린 자녀들과 청소년들의 영혼을 빼앗아가고 있으며, 신혼부부의 가정을 목표물로 집중공격하고 있기에, 성도들이 영적으로 새롭게 깨어나는 것이 시급하다고 하셨다.

그런데 요즘 카이스트 학생들 여러 명과, 교수들까지 자살하는 것을 보면서, 정말 사탄이 우리나라의 인재들을 집중공격하고 있다는 생각에 다급함이 느껴졌다.

지난(2011) 1월부터, 아침마다 홍 정식 목사님의 찬양을 틀어 놓고 혼자 경배와 찬양을 드리는데, 그때 말씀을 생각나게 하시고 풀어주시며 책 쓸 내용들을 정리해 주셨다.

2월이 되자 하나님이 겉표지를 보여 주시며 **"나 여호와는 산처럼 견고하고 요동함이 없어 산에 비유했느라"** 하시며

- 3개의 산 : 성부. 성자. 성령
- 둥근 봉우리 : 온유하신 하나님

- 연두빛 봄산 : 소망의 하나님
- 무지개 : 언약과 하나님의 보좌
- 희고 큰 뭉게구름 : 성령님의 임재를 의미

그리고 이 책은 1. 믿지않는 사람들 에게 복음을 전하며
   2. 믿음이 연약한 사람들을 영적으로 세워주고
   3. 헐벗은 영혼에 옷을 입혀주며
   4. 묶인자를 자유케 할 것이다.

라고 말씀하셨다.

그래서 메모하며 머뭇거리다가 3월 달부터 본격적으로 쓰기 시작했는데, 잘 쓰다가도 갑자기 자신감이 없어지면 주춤하고 다시 성령님이 채근하면 쓰고 이러기를 몇 번 했었다.

'거듭남의 기도'가 '성령의 검'이 되어 많은 영혼들을 살리고 가정들을 회복시킬 것이라고 여러 번 말씀하셨는데, 그 말씀도 예언하시는 목사님들을 통해 확증 받게 되어 감사하다.

내가 금식하는 동안 나를 태우고 다니신 이 종여, 이 희순, 김 희정 권사님들의 그 사랑 너무 감사합니다. 또 나를 위해 중보하며 기도해 주신 기도의 동역자 집사님들, 권사님들께 진심으로 감사하며 사랑을 전합니다.

더욱이 진실한 삶의 간증을 통해 하나님의 역사하심을 나타내며, 하나님께 영광 돌리시는 믿음의 권속들 위에, 한없는 주님의 은혜와

축복이 함께 하시길 간절히 기도드립니다.

하나님께서 내게 베풀어 주신 은혜와 능력을 나타 내려다 보니 어쩔 수 없이 내 이야기를 하게 됐는데, 나를 드러내려는 것이 절대 아님을 밝히며 모든 영광 하나님께만 돌립니다!

저자후기

이 원고를 출판사에 보내고 난 다음 우리 교회에서 카이스트 교수 김명현 박사를 초청하여 창조과학에 대한 강의를 들었다.

그가 "요즘 세계적으로 생물이 멸종 되는게 많고, 그 개체수가 대부분 줄어 들고 있는 추세입니다. 그런데 유일하게 한 종만 개체수가 기하급수적으로 증가하고 있는데 그게 바로 바퀴벌레 입니다." 라고 말하는 순간 나는 온몸에 소름이 돋았다.

'아! 그래서 하나님이 죄를 바퀴벌레에 비유하셨구나!'

'정말 놀라우신 하나님!!!'

또한 하나님의 말씀대로 이 기도를 통하여 지금 우리나라뿐만 아니라 세계 여러 나라에서 수많은 가정들이 회복을 이루고 있다. 기도를 해서 회복된 사람들이 해외에 있는 가족, 친지, 지인들에게 선물하고 또 선교사님들을 통해 이 책이 벌써 10개국 이상에 나가 있다.

하나님이 내게 2012년 11월 28일부터 2013년 1월 6일까지 40일간 하루에 7시간씩 매일 기도하라고 하셔서 나는 말씀에 순종하여 기도하는 동안 **"네가 이스라엘을 가야 하느니라"** 고 3번이나 말씀하셨다.

나는 2013년 1월 11일에 WLI Korea에서 D.M(사역학 박사) 학위를 받고 HIM에서 피터 와그너 박사님에게 직접 목사안수를 받았다.

그리고 하나님의 강권적 인도하심에 따라 그 다음 주부터 온누리교회 KIBI에서 교육을 받으며 이스라엘과 유대인에 대한 하나님의 계획과 이끌고 계심을 새로이 알게 되었다.

그리고 나는 교육을 마친 다음 주 2013년 3월 12일 ~ 5월 1일까지 50일간 이스라엘에 있었다.

처음 10일간은 헐몬산에서부터 네게브까지 성경에 나오는 주요 산마다 가서 기도했고, 40일간은 탐헤스의 24시"예루살렘 기도의 집"에서 기도했다.

하나님이 나에게 밤을 지키라고 하셔서 매일 밤 11시부터 다음 날 아침 6시까지 7시간 동안, 매 시간마다 워치타워 밖을 3바퀴씩 돌면서 기도했다.

그 때 하나님이 열방에서 사랑하는 주님의 자녀들이 영적으로 공격받는 것을 가르쳐 주시며 이 책을 영어로 써서 세계에 알리라고 하셨다.

그래서 2014년 1월 21일에 영역본이 출판되어 미국, 이스라엘, 탄자니아, 필리핀, 태국에 보내졌고 2014년 11월에 일어, 2015년 3월에 중국어, 2016년 7월에 러시아어가 번역되어 현지에서 기도하시는 분들에게 많은 변화가 있다는 소식을 전해듣고 있다.

나는 현재 한국 HIM 소속 목사로 WLI와 HIM에서 중보기도 팀장으로 섬기고 있다.

그리고 2017년 현재 11년째 상담을 하며 여러 사람들의 영적 회복과 내적 치유를 돕고 있다. 또 중보기도와 큐티를 인도하면서 초신자들에게 복음을 전하며 성도들의 개인적 신앙 성숙과 아울러 가정의 회복을 이루는 사역을 감당하고 있다.

또한 2015년 3월에는 하나님의 구속사적 연대기 안에서 지금이 어느 시대인지 분별 할 수 있고, 열방을 향한 하나님의 계획과 "거듭남의 기도"에 대한 기가막힌 응답들을 실은 『기도응답의 열매들』 책이 나와서 좋은 반응을 보이고 있다.

– 각 주 –

1) 치유와 권능 (손 기철) 두란노 (PP360~363) 2008.4

2) THE VISION BIBLE DICTONIRY (하 용조) 두란노 (P650)

3) 능력의 세대여 일어나라 (체 안) WLI (PP91~94) 2009.12

4) 명중기도 (이 기철) 요단 (P16) 2009.5

5) 4차원의 영성 (조 용기) 교회성장 연구소 (PP21~24) 2006.5

6) 365일 기적의 삶 (빌 존슨) 쉐키나 (P101) 2011.2

7) 하나님과의 조우 (체 안) WLI (PP220~221) 2008.11

8) 도미니언 (피터 와그너) WLI (pp150~152) 2008.1

거듭남의 기도

조상들의 죄* 환경

1. 하나님! ( )집안 조상대대로 지은 죄를 제가 대신 회개하오니 용서하여 주시옵소서. 우상을섬긴죄, 조상신을섬긴죄, 우상앞에 자손들을팔은죄, 하나님을믿지않은죄, 살인한죄, 자살한죄, 유산한죄, 이혼한죄, 토색한죄, 도둑질한죄, 욕심부린죄, 거짓말한죄, 사기친죄, 도박한죄, 술마시고담배피고방탕한죄, 음란간음한죄, 동성애한죄, 학대하고폭행한죄, 말로상처준죄, 혈기부린죄, 불평불만한죄, 판단하고정죄한죄, 미워하고저주한죄, 모함하고비방한죄, 시기질투한죄, 교만한죄, 고집과아집부린죄, 분쟁하고보복한죄, 의심하고불신한죄, 걱정근심한죄, 사치하고낭비한죄, 게으르고나태한죄 등 조상들이 지은 모든 죄를 제가 대신 회개하오니 용서하여 주시옵소서.   (3번)

2. ( )조상대대로 지은 죄로 인해 공격하는 모든 죄악의 연결고리와 사슬을 예수 그리스도의 이름으로 파쇄하고 끊어내노라.   **(강력×3번)**

3. 우리집안 환경 구석구석에서 방해하고 공격하는 모든 어둠의 세력들!! 종교의영, 불신의영, 살인의영, 자살의영, 유산의영, 이혼의영, 좌절의영, 우울증과조울증의영, 열등감의영, 가난의영, 토색의영, 도둑질의영, 탐욕의영, 거짓의영, 사기의영, 폭력의영, 분노의영, 불평불만의영, 판단과정죄의영, 미움과저주의영, 시기질투의영, 술마귀담배마귀방탕의영, 도박의영, 마약의영, 음란간음의영, 동성애의영, 미혹의영, 매개체의영, 고집과아집영, 교만의영, 지식의영, 사치와낭비의영, 게으름과나태의영, 소화불량, 불면증, 편두통, 뇌졸중, 고혈압, 심장병, 관절염, 축농증, 당뇨, 비만, 중풍, 통풍, 치매, 변비, 비염, 뇌암, 폐암, 간암, 위암, 대장암, 신장암, 전립선암, 갑상선암, 자궁암, 유방암 각종 암과 질병의영 등 모든 흑암의 권세들은 우리집안 환경 구석구석과 공기의 흐름 하나하나에서 예수 그리스도의 이름으로 명하노니 영원히 떠나가고 사라지고 소멸될지어다.   **(강력×3번)**

4. 주님! 거룩하신 보혈로 우리집안 환경 구석구석과 공기의 흐름 하나하나까지도 덮어주시옵소서.   (3번)

5. 우리집안은 환경 구석구석과 공기의 흐름 하나하나까지도 전지전능하신 성령님의 은혜와 능력과 사랑과 기름 부으심으로 온전한 성령의 전과 믿음의 가정으로 거듭난 것을 예수 그리스도의 이름으로 선포하고 축복하노라!   (3번)

6. 하나님! 하늘의 천군 천사를 초청하오니 보내시어 우리 집안의 파수꾼으로 세워주셔서 온전히 성령님만 가득 임재하시는 성령의 전과 믿음의 가정으로 지키시고 보호하시고 축복하여 주시옵소서.   (3번)

사람에게 할 때

1. 하나님! ( )가 지은 죄를 제가 대신 회개 하오니 용서하여 주시옵소서. 우상을섬긴죄, 조상신을섬긴죄, 우상앞에자손들을팔은죄, 하나님을믿지않는죄, 마음으로살인하고 자살한죄, 유산한죄, 이혼한죄, 토색한죄, 도둑질한죄, 욕심부린죄, 거짓말한죄, 사기 친죄, 도박한죄, 술마시고담배피고방탕한죄, 음란간음한죄, 동성애한죄, 학대하고폭 행한죄, 말로상처준죄, 혈기부린죄, 불평불만한죄, 판단하고정죄한죄, 미워하고저주 한죄, 모함하고비방한죄, 시기질투한죄, 교만한죄, 고집과아집부린죄, 분쟁하고보복 한죄, 의심하고불신한죄, 걱정근심한죄, 사치하고낭비한죄, 게으르고나태한죄 등 ( ) 가 지은 모든 죄를 제가 대신 회개하오니 용서하여 주시옵소서.　　　　　　　 **(3번)**

2. ( )가 지은 죄로 인해 공격하는 모든 죄악의 연결고리와 사슬을 예수 그리스도의 이 름으로 파쇄하고 끊어내노라.　　　　　　　　　　　　　　　　　　 **(강력×3번)**

3. ( )의 영·혼·육에서 방해하고 공격하는 모든 어둠의 세력들!! 종교의영, 불신의영, 살 인의영, 자살의영, 유산의영, 이혼의영, 좌절의영, 우울증과조울증의영, 열등감의영, 가난의영, 토색의영, 도둑질의영, 탐욕의영, 거짓의영, 사기의영, 폭력의영, 분노의 영, 불평불만의영, 판단과정죄의영, 미움과저주의영, 시기질투의영, 술마귀담배마귀 방탕의영, 도박의영, 마약의영, 음란간음의영, 동성애의영, 미혹의영, 매개체의영, 고 집과아집의영, 교만의영, 지식의영, 사치와낭비의영, 게으름과나태의영, 소화불량, 불면증, 편두통, 뇌졸중, 고혈압, 심장병, 관절염, 축농증, 당뇨, 비만, 중풍, 통풍, 치 매, 변비, 비염, 뇌암, 폐암, 간암, 위암, 대장암, 신장암, 전립선암, 갑상선암, 자궁암, 유방암 각종 암과 질병의영 등 모든 흑암의 권세들은 ( )의 영·혼·육과 마음과 생각 속에서 예수 그리스도의 이름으로 명하노니 영원히 떠나가고 사라지고 소멸될지어다.

　　　　　　　　　　　　　　　　　　　　　　　　　　　　　　　 (강력×3번)

4. 주님! 거룩하신 보혈로 ( )의 영·혼·육 정수리부터 발끝까지 덮어주시옵소서. **(3번)**

5. ( )의 영·혼·육은 정수리부터 발끝가지 전지전능 하신 성령님의 은혜와 능력과 사랑 과 기름 부으심으로 온전히 성령과 믿음의 사람으로 거듭난 것을 예수 그리스도의 이 름으로 선포하고 축복하노라!　　　　　　　　　　　　　　　　　　 **(3번)**

6. 하나님 아버지! 하늘의 천군 천사를 초청하오니 보내시어 ( )영·혼·육의 파수꾼으로 세워주셔서 앞서가시고 뒤를 막아주심으로 오직 성령님께만 이끌림 받는 성령과 믿 음의 사람으로 지키시고 보호하시고 축복하여 주시옵소서.　　　　　　 **(3번)**

김 봉 화

< 조상들의 죄* 환경 >

1. 하나님! ( )집안 조상대대로 지은 죄를 제가 대신 회개하오니 용서하여 주시옵소서. 우상을만든죄, 조상신을섬긴죄, 우상앞에 자손들을팔은죄, 하나님을 믿지않은죄, 살인한죄, 자살한죄, 유산한죄, 이혼한죄, 독신한죄, 도둑질한죄, 거짓말한죄, 사기친죄, 도박한죄, 술마시고 담배피고 방탕한죄, 음란간음한죄, 동성애한죄, 훔대하고폭행한죄, 말을 저주한죄, 불기분노한죄, 불평불만한죄, 판단한고정관념죄, 미워하고 저주한죄, 모함하고비방한죄, 시기질투한죄, 교만한죄, 고집과아집부린죄, 분쟁하고분열한죄, 의심하고불신한죄, 근심한죄, 사치하고낭비한죄, 게으르고나태한죄 등 ( )집안 조상들이 지은 모든 죄를 제가 대신 회개하오니 용서하여 주시옵소서.

(3번)

2. ( )집안 조상대대로 지은 죄로 인해 공격하는 모든 죄악의 연결고리와 사슬을 예수 그리스도의 이름으로 파쇄하고 끊어내노라!

(강력x3)

3. ( )집안 환경 구석구석에서 방해하고 공격하는 모든 어둠의세력들! 종교의, 이방신의, 무당과주술의, 불교의, 유교의, 의식불신의, 자살의, 유산의, 이혼의, 낙심과절망의, 우울함과슬픔의, 낮은자존감·자존심의, 고아의, 가난의, 독신의, 독종질의, 도박의, 물욕물질만능의, 판단과조롱의, 시기질투의, 사기의, 술·담배중독의, 분노의, 불평불만의, 도박의, 만용의, 마약의, 음란간음의, 동성애의, 무흑과미혹의, 매개체의, 고집과아집의, 지식의, 이성주의·인본주의의, 사치와낭비의, 게으름과나태의, 불면증, 소화불량, 편두통, 뇌졸중, 고혈압, 심장병, 뇌암, 폐암, 간암, 위암, 대장암, 신장암, 흉부암, 자궁암, 갑상선암, 전립선암, 족종증, 비염, 당뇨, 중풍, 치매, 변비, 관절염, 각종 암과 질병의들 등 모든 독함의 권세들은 ( )집안 환경 구석구석과 공기의 흐름 하나하나에서 예수 그리스도의 이름으로 영원히 떠나가고 사라지고 소멸할지어다!

(강력x3)

4. 주님! 거룩하신 보혈로 ( )집안 환경 구석구석과 공기의 흐름 하나하나까지도 덮어 주시옵소서.

(3번)

5. ( )집안은 환경 구석구석과 공기의 흐름 하나하나까지도 전지전능하신 성령님의 은혜와 능력과 사랑과 기름 부으심으로 운전한 성령의 전과 믿음의 가정으로 거듭날 것을 그리스도의 이름으로 선포하고 축복하노라!

(3번)

6. 하나님! 하늘의 천군 천사를 초청하오니 보내시어 ( )집안의 파수꾼으로 세워주셔서 운전히 성령님만 가득 임재하시는 성령의 전과 믿음의 가정으로 지키시고 보호하시고 축복하여 주시옵소서.

(3번)

***** 거듭남의 기도 *****

< 사람에게 할 때 >

1. 하나님! ( )가 지은 죄를 제가 대신 회개하오니 용서하여 주시옵소서. 우상을섬긴죄, 조상을섬긴죄, 우상앞에 자손들을팔은죄, 하나님을 믿지않은죄, 마음으로살인하고자살한죄, 유산한죄, 이혼한죄, 도색한죄, 도둑질한죄, 욕심부린죄, 거짓말한죄, 사기친죄, 도박한죄, 술마시고 담배피고 방탕한죄, 음란간음한죄, 동성애한죄, 학대하고폭행한죄, 말로상처준죄, 혈기부린죄, 불평불만한죄, 판단하고정죄한죄, 미워하고저주한죄, 모함하고비방한죄, 시기질투한죄, 교만한죄, 고집과아집부린죄, 분쟁하고보복한죄, 의심하고불신한죄, 걱정근심한죄, 사치하고낭비한죄, 게으르고나태한죄 등 ( )가 지은 모든 죄를 제가 대신 회개하오니 용서하여 주시옵소서. (3번)

2. ( )가 지은 죄로 인해 공격하는 모든 죄악의 연결고리와 사슬을 예수 그리스도의 이름으로 파쇄하고 끊어내노라! (강력x3)

3. ( )의 영·혼·육에서 방해하고 공격하는 모든 어둠의세력들! 종교의영, 이방신의영, 무당의영, 불교의영, 두려움의영, 의심불신의영, 자살의영, 유산의영, 이혼의영, 파주술의영, 우울함과슬픔의영, 우울증과조울증의영, 낮은자존감·자존심·열등감의영, 고아의영, 낙심좌절의영, 도색의영, 도둑질의영, 탐욕의영, 거짓과속임의영, 사기의영, 폭력의영, 분노의영, 불평불만의영, 판단과정죄의영, 음란간음의영, 미움과저주의영, 시기질투의영, 술·담배중독의영, 방탕의영, 도박의영, 마약의영, 교만의영, 동성애의영, 유혹과미혹의영, 매개체의영, 고집과아집의영, 교만의영, 지식의영, 이성주의·인본주의영, 사치와낭비의영, 게으름과나태의영, 불면증, 소화불량, 편두통, 뇌졸중, 고혈압, 심장병, 뇌암, 폐암, 간암, 위암, 당뇨, 중풍, 통풍, 지매, 변비, 관절염, 각종 질병의 등 모든 흑암의 권세들은 ( )장안 환경 구석구석과 공기의 흐름 하나하나에서 예수 그리스도의 이름으로 명하노니 영원히 떠나가고 사라지고 소멸될지어다! (강력x3)

4. 주님! 거룩하신 보혈로 ( )의 영·혼·육 정수리부터 발끝까지 덮어 주시옵소서. (3번)

5. ( )의 영·혼·육은 정수리부터 발끝까지 전지전능 하신 성령님의 은혜와 능력과 사랑과 기름 부으심으로 온전히 성령과 믿음의 사람으로 거듭난 것을 예수 그리스도의 이름으로 선포하고 축복하노라! (3번)

6. 하나님! 하늘의 천군 천사를 초청하오니 ( )영·혼·육의 파수군으로 세워주셔서 앞서가시고 뒤를 막아주심으로 오직 성령님께만 이끌림 받는 성령과 믿음의 사람으로 지키시고 보호하시고 축복하여 주시옵소서. (3번)

김 복 화